BOGO Media®

2019년 5월 10일 초판 1쇄 발행

발행처 BOGO Media® (주) 보고미디어
발행인 윤호병

지은이 eduTV 언어교육연구소
PD 이세희
강사 송다영
책임편집 최진욱, 유은하
디자인 이순주, 이수빈
마케팅 김대영
콘텐츠 기획 김아인

출판등록 제2014-000012호
주소 서울시 구로구 구로디지털로 33길 55, 이앤씨벤쳐드림타워2차 508호
대표전화 1544-7126
팩스 02-2278-8817

정가 값 13,000원
ISBN 979-11-7006-349-0

ⓒ 주식회사 보고미디어, 2019
이 책은 저작권법에 따라 보호를 받는 저작물이므로 무단복제와 무단전재는 법으로 금지되어 있습니다.
이 책 내용의 전부 또는 일부를 이용하려면 반드시 저작권자와 보고미디어의 서면동의를 받아야 합니다.

잘못된 책은 구입하신 곳에서 교환해 드립니다.

중국어 문법과 기본 회화를 한 번에

중문타파

많은 분들이 중국어 문법은 너무 어렵고 힘들다고 생각합니다.

정말 재미있게 처음부터 끝까지 제대로 공부하고 싶으신가요?

그렇다면 [중문타파]와 함께 하세요!

[중문타파]는 기초가 부족하고 중국어를 어렵게 느끼시는 분들이 쉽고 재미있게 중국어 기초를 쌓을 수 있도록 체계적으로 구성되어 있습니다.

[중문타파]는 교육채널 1위인 eduTV에 인기리에 방송되었습니다. 많은 시청자 여러분들이 교재로도 만나고 싶다는 요청을 하셔서 이렇게 책으로 출간되었습니다.

이제 알찬 강의뿐 아니라 교재와 함께 중국어 문법을 타파하세요!

[중문타파]처럼 기초부터 탄탄히 실력을 쌓을 수 있는 중문법 수업이 많지 않습니다. 중국어 문법뿐만 아니라 배운 내용을 HSK까지 연결하여 정리할 수 있습니다.

그동안 중국어가 어렵고, 중문법 때문에 중국어 학습에 도전하지 못 했던 분들은 [중문타파]를 만나보세요.

중국어가 쉽고 재미있게 느껴지실 거예요.

How to Study this Book
CHINESE GRAMMAR
本书的特色

말하자 중국어 [중문타파]

말하자닷컴에서 동영상 강의보기
* 친절한 강의로 왕초보도 쉽게 이해되는 중국어 문법
* 기초부터 탄탄히, 어휘까지 챙기는 알찬 수업
* 입으로 직접 말하게 되는 중국어 수업

중문타파 동영상 강의
4 Step CASE 교수법으로 체계적인 중국어 학습

Step 1 Comprehension 개념원리 이해

개념원리 완벽 이해!
중국어 문법에 설명을 다영쌤의 명쾌한 설명으로 쉽게 이해할 수 있습니다.

Step 2 Application 개념원리 적용 & 활용

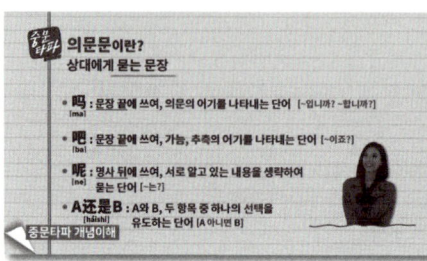 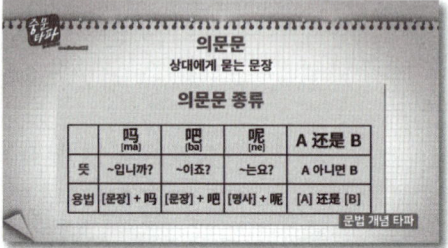

배운 문법을 다양한 문장으로 적용해
더 확실히 익힐 수 있습니다.

Step 3 Synthesis 이해, 적용한 내용 종합

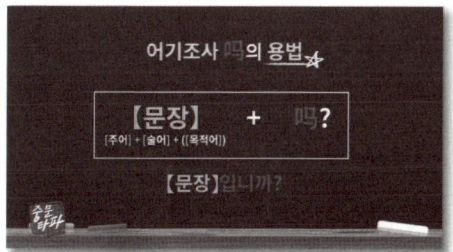 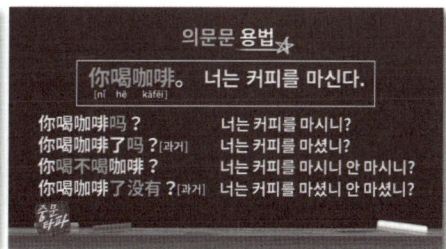

직강보다 더 디테일하고 친절한 설명으로
중국어 문법을 더 확실히 익힐 수 있습니다.

Step 4 Evaluation 총정리 & 평가

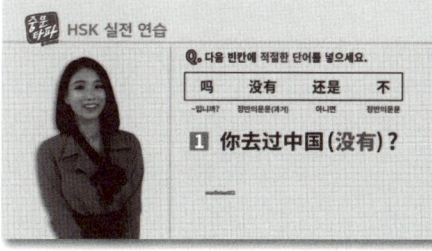 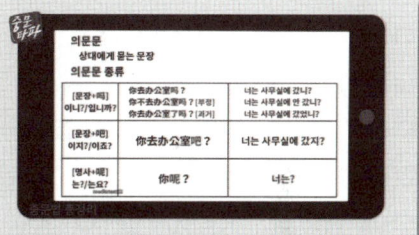

HSK 실전 연습 문제를 풀며 확인과 평가를 통해
완벽하게 내 입에 착붙!

교육채널 1위 eduTV의 1위 콘텐츠만 모아놓은 어학 교육 전문 사이트
[말하자닷컴]에서 동영상강의와 함께 공부하세요. www.malhaza.com

Contents

目录

CHAPTER 01 _ 명사 (名词)	08
CHAPTER 02 _ 대명사 (代词)	11
CHAPTER 03 _ 수사 (数词)	14
CHAPTER 04 _ 양사 (量词)	17
CHAPTER 05 _ 동사 (动词)	20
CHAPTER 06 _ 동사중첩 (动词重叠)	23
CHAPTER 07 _ 이합동사 (离合动词)	26
CHAPTER 08 _ 이중목적어 (双宾语)	29
CHAPTER 09 _ 형용사 (形容词)	32
CHAPTER 10 _ 문장구조 1	35
CHAPTER 11 _ 부사 (副词)	38
CHAPTER 12 _ 조동사 (助动词)	41
CHAPTER 13 _ 전치사 (介词)	44
CHAPTER 14 _ 문장구조 2	47
CHAPTER 15 _ 동태조사 了 (动态助词)	50
CHAPTER 16 _ 동태조사 过	53
CHAPTER 17 _ 동태조사 着	56
CHAPTER 18 _ 구조조사 的 (结构助词)	59
CHAPTER 19 _ 구조조사 地	62
CHAPTER 20 _ 구조조사 得	64
CHAPTER 21 _ 의문문 (疑问句)	68
CHAPTER 22 _ 의문대명사 (疑问代词)	71
CHAPTER 23 _ 반어문 (反问句)	74
CHAPTER 24 _ 중국어의 be동사	77
CHAPTER 25 _ 연동문 (连动句)	80
CHAPTER 26 _ 연동문 有	81
CHAPTER 27 _ 겸어문 (兼语句)	86
CHAPTER 28 _ 존현문 (存现句)	89
CHAPTER 29 _ 비교문 比 (比较句)	92
CHAPTER 30 _ 비교문 有	95

CHAPTER 31 _ 비교문 跟 ·· 98
CHAPTER 32 _ 결과보어(结果补语) ······························ 101
CHAPTER 33 _ 방향보어1(趋向补语) ··························· 104
CHAPTER 34 _ 방향보어2 ··· 107
CHAPTER 35 _ 가능보어(可能补语) ······························ 110
CHAPTER 36 _ 동량보어(动量补语) ······························ 113
CHAPTER 37 _ 시량보어(时量补语) ······························ 116
CHAPTER 38 _ 보어 총정리 ·· 119
CHAPTER 39 _ '把'자문 ·· 122
CHAPTER 40 _ '被'자문 ·· 125
CHAPTER 41 _ 임박태 ·· 128
CHAPTER 42 _ 시제 총정리 ··· 131
CHAPTER 43 _ 병렬복문(并列复句) ······························ 134
CHAPTER 44 _ 순접복문(承接复句) ······························ 137
CHAPTER 45 _ 점층복문(递进复句) ······························ 140
CHAPTER 46 _ 선택복문(选择复句) ······························ 143
CHAPTER 47 _ 가정복문(假设复句) ······························ 146
CHAPTER 48 _ 조건복문(条件复句) ······························ 149
CHAPTER 49 _ 목적복문(目的复句) ······························ 152
CHAPTER 50 _ 전환복문(转折复句) ······························ 155
CHAPTER 51 _ 인과복문(因果复句) ······························ 158
CHAPTER 52 _ 명사 심화 ··· 161
CHAPTER 53 _ 동사 심화 ··· 164
CHAPTER 54 _ 형용사 심화 ··· 167
CHAPTER 55 _ 부사 심화 ··· 170
CHAPTER 56 _ 전치사 심화 ··· 173
CHAPTER 57 _ 문장어순 총정리 ·································· 176
CHAPTER 58 _ HSK기출문제1 ···································· 179
CHAPTER 59 _ HSK기출문제2 ···································· 182
CHAPTER 60 _ HSK기출문제3 ···································· 185
　　　　　　　심화연습 정답 ·· 188

CHAPTER 01 명사(名词)

 **개념 이해**

- **명사란?**

    사물/사람의 이름을 나타내는 단어   예) 카메라, 의자, 사람 이름

- **명사의 종류**

    ▶ **일반명사:** 일반 개념을 표시하는 명사   예) 원피스, 자켓, 강아지
    ▶ **고유명사:** 특정한 장소, 사물, 사람의 구별을 위해 붙인 고유의 이름   예) 서울, 북경, 송다영
    ▶ **추상명사:** 추상적 개념을 언어로써 말하여 나타내는 명사   예) 사랑, 희망, 슬픔, 취미
    ▶ **시간명사:** 어느 한 시점을 나타내는 명사   예) 월, 일, 시, 여름, 오늘, 추석
    ▶ **장소명사:** 장소를 나타내는 명사   예) 교회, 학교, 회사, 공항
    ▶ **방위명사:** 방향과 위치를 나타내는 명사

 핵심 포인트

- **명사의 종류**

일반명사	衬衫 chènshān 셔츠	裙子 qúnzi 치마	裤子 kùzi 바지	服务员 fúwùyuán 종업원
고유명사	中国 Zhōngguó 중국	北京 Běijīng 북경	崔丹尼尔 Cuīdānní'ěr 최다니엘	
추상명사	爱好 àihào 취미	兴趣 xìngqù 흥미	信心 xìnxīn 자신감	
시간명사	今天 jīntiān 오늘	现在 xiànzài 현재	星期六 xīngqīliù 토요일	

장소명사	宾馆 bīn'guǎn 호텔	教室 jiàoshì 교실	图书馆 túshūguǎn 도서관	
방위명사	上 shàng 위	下 xià 아래	里 lǐ 안	外 wài 바깥

- **방위명사의 특징**

  ❶ 고유명사에는 방위명사를 붙이지 않는다.

  我在北京里学习。(×) → 我在北京学习。(○)

  ❷ 일반명사에 방위명사를 붙이면 장소명사가 된다.

  桌子 → 桌子上   椅子 → 椅子下
  책상   책상 위   의자   의자 아래

- **명사의 특징**

  ❶ 부사의 수식을 받지 않는다.

  ❷ 일부 명사는 중첩할 수 있다. (중첩 시 '매~, ~마다'의 뜻을 가진다.)

  天天   人人   家家   年年
  매일   사람 마다 집집 마다 매년

  ❸ '수'형태 변화가 없다.

  三本书们 (×) → 三本书 (○)

핵심 체크

- 星期 + 숫자 = 요일
- '馆', '室'는 장소와 관련된 명사다.
- 服务员 [fúwùyuán]의 '服务'는 '서비스'라는 뜻이고 '员'는 '어떤 직업에 종사하는 사람'이다.

실전연습

다음 중 틀린 부분을 찾고 그 이유를 설명하세요.

1. 我妈妈在首尔里工作。 → 我妈妈在首尔工作。
   나의 엄마는 서울에서 일한다.
   고유명사에는 방위명사가 붙지 않는다.

2. 我的书在椅子。 → 我的书在椅子上。
   나의 책은 의자 위에 있다.
   일반명사에 방위명사를 붙이면 장소가 된다.

3. 我有七个朋友们。 → 我有七个朋友。
   나는 7명의 친구가 있다.
   명사는 '수'형태 변화가 없다.

심화연습

1. 다음 빈칸에 들어갈 알맞은 말을 고르세요.

1) 我的作业本在书包( )。 나의 숙제 책은 가방 안에 있다.
   ① 外 ② 左 ③ 里 ④ 右

2) 他住在( )。 그는 호텔 안에서 묵는다.
   ① 朋友们 ② 北京里 ③ 宾馆里 ④ 那个

3) 我买了两件白色( )。 나는 흰색 셔츠 두 장을 샀다.
   ① 衬衫 ② 朋友 ③ 兴趣 ④ 衬衫们

2. 주어진 단어들을 사용하여 문장을 배열해 보세요.

我 / 图书馆。 / 去了 / 在星期日   나는 일요일에 도서관에 갔다.

今天 [jīntiān]: 몡 오늘   星期日 [xīngqīrì]: 몡 일요일

CHAPTER 02 대명사(代词)

 개념 이해

- **대명사란?**
  - ▸ **명사:** 사물 또는 사람의 이름을 나타내는 단어
  - ▸ **대명사:** 사물이나 사람의 이름을 대신해 나타내는 말   예) 이것, 우리, 언제

- **대명사의 종류**
  - ▸ **인칭대명사:** 사람의 이름이나 사물을 대신해 쓰는 단어   예) 나, 너, 우리, 그
  - ▸ **지시대명사:** 대상을 지시할 때 쓰는 단어   예) 이, 이것, 저, 그
  - ▸ **의문대명사:** 의문의 뜻을 나타내는 단어   예) 언제, 어디, 무엇, 어떻게, 왜

 핵심 포인트

- **대명사의 종류**

  ❶ 인칭대명사

1인칭	我 wǒ 나	我们 wǒmen 우리들	咱们 zánmen 우리(들)
2인칭	你 nǐ 너	您 nín 당신	你们 nǐmen 너희들
3인칭	他(们) tāmen 그(들)	她(们) tāmen 그녀(들)	它(们) tāmen 그것(들)

02. 대명사(代词) **11**

❷ 지시대명사

这 이(것)	这(儿) zhèr 이곳	这里 zhèlǐ 이곳	这些 zhèxiē 이것들	这么 zhème 이렇게	这样 zhèyàng 이렇게	这时候 zhèshíhou 이 때
那 그,저(것)	那(儿) nàr 저(그)곳	那里 nàlǐ 저곳	那些 nàxiē 그것들	那么 nàme 그렇게	那样 nàyàng 그렇게	那时候 nàshíhou 그 때

❸ 의문대명사

哪儿 nǎr 어디	谁 shéi 누가	怎么 zěnme 어떻게
什么 shénme 무엇	什么时候 shénme shíhou 언제	为什么 wèi shénme 왜

핵심 체크

- 们 [men]: ~들 (인칭, 사람 뒤에 쓰여 복수를 나타낸다.)
- 我们: '나'와 상대가 모두 포함, 상대가 미포함일 때도 사용 가능
- 咱们: '나'와 듣는 상대가 반드시 모두 포함
- 您: 존칭을 표현하는 단어 (복수가 안된다.)
- 大家 [dàjiā]: 모두, 여러분 (일정 범위 내의 모든 사람을 가리킨다.)
- 些 [xiē]: 조금, 약간, 얼마쯤 (확정적이지 않은 적은 수량을 나타낸다.)
- 这么/那么: 상태나 성질을 표현할 때
- 这样/那样: 모양을 표현할 때

 **실전연습** 다음 빈칸에 적합한 단어를 넣어 문장을 완성하세요.

1. 저기가 바로 그의 회사이다.
   (那里 / 那儿)就是(他)的公司。

2. 이것들은 내 강아지(대명사 쓰기)의 옷이다.
   (这些)是(它)的衣服。

3. 오늘 이렇게 추운데, 정말 도서관 가?
   今天(这么)冷，真的去图书馆吗？

 심화연습

1. 다음 빈칸에 들어갈 알맞은 말을 고르세요

   1) 考试结束后(　　)一起去郊游吧。 시험 끝나고 우리 함께 소풍가자.
      ① 她们　　② 他们　　③ 它们　　④ 咱们

   2) 今天(　　)热，我才不出去呢！ 오늘 날씨가 이렇게 더운데, 난 안 나갈래!
      ① 这样　　② 这么　　③ 不　　④ 那样

   3) 爷爷, (　　)要去哪儿啊？ 할아버지, 어디 가세요?
      ① 你　　② 我　　③ 您　　④ 它

2. 주어진 단어들을 사용하여 문장을 배열해 보세요.

   这里 / 咱们 / 休息吧。/ 今天 / 在　　오늘 우리 여기에서 휴식하자.

衣服 [yīfu]: 명 옷　　**考试** [kǎoshì]: 명 시험
爷爷 [yéye]: 명 할아버지　　**休息** [xiūxi]: 동 휴식을 취하다

CHAPTER 03 수사(数词)

 개념 이해

- **수량사란?**
  - ▶ **수사:** 수를 나타내는 단어 예) 일, 십, 백, 천 등
  - ▶ **양사:** 수를 세는 단위(양)를 나타내는 단어

- **숫자의 종류**
  - ▶ **기수:** 수량이 많고 적음을 나타내는 수 예) 1, 2, 3
  - ▶ **자릿수:** 수의 자리를 나타내는 수 예) 일, 십, 백, 천

 핵심 포인트

- **수사의 종류**

1	2	3	4	5
一 yī	二 èr	三 sān	四 sì	五 wǔ

6	7	8	9	10	0
六 liù	七 qī	八 bā	九 jiǔ	十 shí	零 líng

100(백)	1000(천)	10000(만)
百 bǎi	千 qiān	万 wàn

- **수사의 특징**

  ❶ 백, 천, 만을 읽을 때, 앞에 숫자 '一'를 붙인다.

  100, 1000, 10000 → 一百, 一千, 一万
  　　　　　　　　　　[yì bǎi]　[yì qiān]　[yí wàn]

  ❷ 맨 뒤에 '零'은 생략해서 읽기 가능, 가운데 '零'은 한 번만 읽는다.

  180　→　一百八十 또는 一百八
  108　→　一百零八
  1008　→　一千零八

  ❸ 번호를 읽을 때, 숫자 '一'은 '幺' [yāo]로 읽는다.

  [701]방 → [七零幺] 房间

  ❹ 서수를 나타낼 땐, 숫자 앞에 '第' [dì]를 붙인다.

  第一　|　第二　|　第三
  첫 번째　두 번째　세 번째

  ❺ 어림수를 나타낼 때

  ① 연속된 수　　七八岁
  ② 左右(정도, 쯤)　七岁左右
  ③ 0은 숫자1 ~ 9에 따라서 위치가 좀 달라진다.

  0 + 多 + 양사 = 十(10)多岁
  1~9 + 양사 + 多 = 七(7)岁多

핵심 체크

- 숫자 '一' [yī]의 성조변화 : '一' [yī] 뒤에 1, 2, 3성의 단어가 오면 4성으로 변하고 4성의 단어가 오면 2성으로 변한다.

[단어]　零 [líng]: ㈜ 0, 영　　幺 [yāo]: 1, 일(번호를 셀 때만)　　亿 [yì]: 몡 억
岁 [suì]: 양 세, 살 (나이를 세는 단위)

 **실전연습** 다음 숫자를 읽어보세요.

1. 170 → 一百七十 / 一百七
   수 맨 뒤에 0이 있으면, 0[líng]은 생략해서 말할 수 있다.

2. 107 → 一百零七
   가운데 0이 있으면 읽어주되, 여러 개가 나오면 한 번만 읽는다.

3. 010-8765-4321 → 零幺零 八七六五 四三二幺
   번호를 말할 때, 숫자 한 글자씩 읽으며 숫자 1은 '幺'[yāo]로 말한다.

4. 我住在(601)房间 → 我住在(六零幺)房间。

5. 11923 → 一万一千九百二十三

 심화연습

1. 다음 빈칸에 들어갈 알맞은 말을 고르세요.

1) 这儿的房间号是( )。 이 방의 번호는 809이다.
   ① 八百零九十   ② 八零九   ③ 八百九   ④ 八九零

2) 他看起来有( )。 그는 열 대여섯 살 되어 보인다.
   ① 十多岁   ② 十岁多   ③ 九多岁   ④ 八九多岁

3) 在这次竞赛中他取得了( )。 이번 경기에서 그는 1등했다.
   ① 一名   ② 第一名   ③ 三名   ④ 二名

2. 주어진 단어들을 사용하여 문장을 배열해 보세요.

   3岁多。 / 看起来 / 她 / 才   그녀는 겨우 3살밖에 안 돼 보인다.

房间号 [fángjiānhào]: 명 객실 번호   **看起来** [kànqilái]: 보기에   **竞赛** [jìngsài]: 명 경기

CHAPTER 04 양사(量词)

 개념 이해

- **양사란?**

  양를 세는 단위를 나타내는 단어 예) 권, 대, 벌, 명

- **양사의 종류**

  ▸ **명량사:** 명사의 양을 세는 단위 예) 책 한 권, 물 두 컵, 사람 한 명 등
  ▸ **동량사:** 동작의 횟수를 세는 단위 예) 한 번 가다, 두 번 보다, 한 방 쏘다 등

 핵심 포인트

- **명량사의 종류**

个 gè 개	件 jiàn 벌, 건	块 kuài 조각, 위안
位 wèi 분(존칭)	支 zhī 자루	台 tái 대(전자기기)
口 kǒu 모금, 식구	只 zhī 마리	种 zhǒng 종류
张 zhāng 장	本 běn 권	份 fèn 부
条 tiáo 가늘고 긴 것	辆 liàng 대(차량)	双 shuāng 쌍

- **명량사의 특징**

    ❶ 숫자와 함께 쓸 수 있다. [숫자 + 양사 + 명사]

    책 한 권 → 一本书

    ❷ 양사와 함께 쓰는 숫자 2는 '二'이 아닌 '两'을 사용한다.

    강아지 두 마리 → 两只狗

    ❸ 지시대명사와 함께 쓸 수 있다. [지시대명사 + 양사 + 명사]

    이 책 → 这本书

핵심 체크

块 [kuài](양): 중국의 화폐 단위 = 元 [yuán]

*읽을 땐 '块', 쓸 땐 '元'

 **실전연습** 다음 빈칸에 적당한 단어를 넣어보세요.

张	本	件	辆
장	권	벌	대

1. 一(件)衣服。   옷 한 벌.
2. 我有一(张)照片。   나는 사진 한 장이 있다.
3. 这(本)小说。   이 소설.
4. 那(辆)自行车很贵。   그 자전거는 매우 비싸다.

 심화연습

1. 다음 빈칸에 들어갈 알맞은 말을 고르세요

1) 她有好几(　　)漂亮的裙子。 그녀에게는 예쁜 치마가 여러 개 있다.
　① 个　　　② 件　　　③ 只　　　④ 条

2) 这(　　)一直陪伴着我。 이 고양이 두 마리는 항상 내 곁에 있다.
　① 两只小猫　② 小猫两只　③ 小猫只两　④ 小猫

3) 太饿了, 一份午餐不够, 请帮我买(　　)。 너무 배고파서 1인분으로는 부족해, 2인분으로 사줘.
　① 三本　　② 一份　　③ 两份　　④ 份两

2. 주어진 단어들을 사용하여 문장을 배열해 보세요.

一双 / 她 / 鞋。 / 送了我   그녀는 신발 한 켤레를 나에게 선물해 주었다.

照片 [zhàopiàn]: 명 사진　　**小说** [xiǎoshuō]: 명 소설　　**自行车** [zìxíngchē]: 명 자전거
贵 [guì]: 형 비싸다　　**便宜** [piányi]: 형 싸다　　**漂亮** [piàoliang]: 형 예쁘다
裙子 [qúnzi]: 명 치마　　**猫** [māo]: 명 고양이　　**饿** [è]: 형 배고프다
饱 [bǎo]: 형 배부르다

CHAPTER 05 동사(动词)

 개념 이해

- **동사란?**

    움직임을 나타내는 단어 (동작, 변화, 존재)

- **동사의 특징**

    ❶ 목적어를 가질 수 있다. (일반적으로 명사/대명사)　예) 학교에 가다, TV를 보다
    ❷ [명사/대명사] 외 다른 품사를 목적어로 갖는 동사도 있다.　예) 준비하다, 생각하다, 희망하다

 핵심 포인트

- **동사의 종류**

    ❶ 목적어를 가질 수 있다. (일반적으로 명사/대명사)

    我看书。
    wǒ kàn shū

    나는 책을 본다.

    我去公司。
    wǒ qù gōngsī

    나는 회사에 간다.

    ❷ 동사/형용사 구를 목적어로 갖는 동사도 있다.

    准备结婚
    zhǔnbèi jiéhūn

    결혼을 준비하다.

开始工作
kāishǐ gōngzuò

일을 시작하다.

希望成功
xīwàng chénggōng

성공을 희망하다.

觉得很冷
juéde hěnlěng

춥다고 생각하다.

感觉很好
gǎnjué hěnhǎo

좋다고 느낀다.

❸ 동사의 부정

① 현재, 미래의 부정 　不 → 不看
　　　　　　　　　　 bù　　búkàn
　　　　　　　　　　　　 안 보다, 안 본다.

② 과거의 부정　　　 没 → 没看
　　　　　　　　　　 méi　 méikàn
　　　　　　　　　　　　 안 봤다.

핵심 체크

- '不'는 원래 4성 [bù]이지만 뒤에 4성의 한자가 오면 2성 [bú]으로 변한다.
  [4성 + 4성 → 2성 + 4성]

실전연습

다음 빈칸에 적당한 단어를 넣어보세요.

| 觉得 생각하다 | 看 보다 | 希望 희망하다 |

1. 我(看)了一本小说。   나는 소설 한 권을 봤다.

2. 我(觉得)这部电影很有意思。   나는 이 영화가 재미있다고 생각한다.

3. 我(希望)你成功。   나는 너의 성공을 희망한다.

심화연습

1. 다음 빈칸에 들어갈 알맞은 말을 고르세요.

1) 他昨天(　　)来学校。 그는 어제 학교에 오지 않았다.
   ① 不　　② 没　　③ 想　　④ 希望

2) 我(　　)他能答应我的请求。 나는 그가 나의 부탁을 들어주기를 희망한다.
   ① 感觉　　② 希望　　③ 觉得　　④ 想

3) 我(　　)想和她一起吃饭。 나는 그녀와 함께 밥을 먹고 싶지 않다.
   ① 没　　② 不　　③ 讨厌　　④ 希望

2. 주어진 단어들을 사용하여 문장을 배열해 보세요.

   准备 / 我 / 结婚。   나는 결혼 준비를 한다.

公司 [gōngsī]: 몡 회사
学校 [xuéxiào]: 몡 학교
讨厌 [tǎoyàn]: 동 싫어하다
吃饭 [chīfàn]: 동 밥을 먹다
工作 [gōngzuò]: 동 일을 하다
书 [shū]: 몡 책
希望 [xīwàng]: 동 희망하다
小说 [xiǎoshuō]: 몡 소설
结婚 [jiéhūn]: 동 결혼을 하다
请求 [qǐngqiú]: 몡 부탁

CHAPTER 06 동사중첩(动词重叠)

개념 이해

- **동사중첩이란?**

  동사를 두 번 반복하여 어감을 가볍게 하거나 시도의 의미를 나타낸다.

- **동사중첩의 특징**

  ❶ 어감이 가벼워 진다. 예) 좀 ~해보다, 한 번 ~하다
  ❷ 중첩 형식:

1음절(A) → AA , 2음절(AB) → ABAB

핵심 포인트

- **동사중첩의 특징**

  ❶ 중첩 형식

  1음절(A) | AA | 看 (보다) → 看看 (좀 보다, 한 번 보다)

  2음절(AB) | ABAB | 休息 (휴식하다) → 休息休息 (좀 쉬다)

  ❷ 부정 형식에 쓰지 않는다.

  看看 (O) → 不看看 (×)

  ❸ 주로 술어로 쓰인다.

  [주어] + [술어] + [목적어]
  　　　　동사중첩

- 자주 쓰는 중첩동사

  ❶ 1음절 동사: A → AA

  ❷ 2음절 동사: AB → ABAB

- 동사중첩이 불가능한 경우

  '소유, 판단, 존재, 상태 등'의 동사 　예 有 [yǒu] 있다
  　　　　　　　　　　　　　　　　　是 [shì] ~이다
  　　　　　　　　　　　　　　　　　在 [zài] 존재하다
  　　　　　　　　　　　　　　　　　爱 [ài] 사랑하다

실전연습

다음 중 틀린 부분을 찾고 그 이유를 설명하세요.

1. 我想考考虑虑。 → 我想考虑考虑。
   나는 고민을 하고 싶다.
   2음절 동사의 중첩 형식은 ABAB

2. 我爱爱你。 → 我爱你。
   나는 너를 사랑한다.
   '존재, 판단, 소유, 상태' 등의 동사는 중첩할 수 없다.

3. 我没看看。 → 我看看。/ 我没看。
   내가 좀 보다. / 나는 안 봤다.
   동사 중첩엔 부정형이 없다.

심화연습

1. 다음 빈칸에 들어갈 알맞은 말을 고르세요

1) 我很累，我们在这儿(　　)吧！ 나는 너무 힘들어, 우리 여기서 좀 쉬자!
   ① 休休息息　　② 尝尝　　③ 休息休息　　④ 看看

2) 让我(　　)，再做决定。 한 번 고려해보고 다시 결정하게 해주세요.
   ① 考虑　　② 考考虑虑　　③ 考虑考虑　　④ 看

3) 能让我(　　)这个蛋糕吗？ 이 케이크를 조금 먹어봐도 될까요?
   ① 尝尝　　② 闻闻　　③ 结婚　　④ 品品

2. 주어진 단어들을 사용하여 문장을 배열해 보세요.

   等等 / 你们 / 我！ 너희들 나 좀 기다려!

考虑 [kǎolǜ]: 동 생각하다, 고려하다　　**爱** [ài]: 동 사랑하다
很 [hěn]: 부 매우　　**决定** [juédìng]: 동 결정하다
蛋糕 [dàngāo]: 명 케이크　　**闻闻** [wénwen]: 동 한 번 맡아보다

CHAPTER 07 이합동사(离合动词)

 개념 이해

- **이합동사란?**

    동사 + 목적어(명사)의 구조로 이루어져 분리, 결합되는 동사 예) **离** [lí] 분리하다, 헤어지다
    合 [hé] 합치다, 모으다

- **이합동사의 형식**

    두 단어에 각각 다른 뜻이 있으나, 결합하면 다른 동사가 된다.

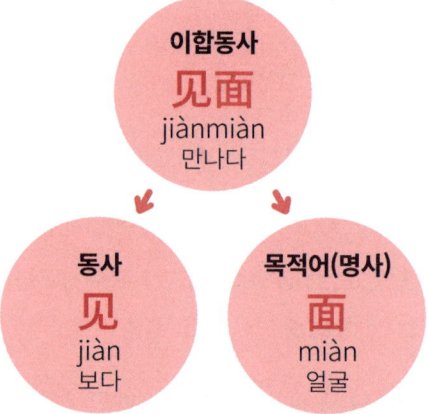

 핵심 포인트

- **이합동사의 종류**

帮忙 bāngmáng 일을 돕다	结婚 jiéhūn 결혼하다	毕业 bìyè 졸업하다
聊天 liáotiān 수다떨다	游泳 yóuyǒng 수영하다	睡觉 shuìjiào 잠을 자다

- **이합동사의 특징**

  ❶ (단어 안에 목적어가 있어) 다른 목적어를 갖지 않는다.

  见面你(✕)

  ❷ 다른 목적어가 필요한 경우

  ① 이합동사 속의 목적어를 원하는 목적어로 대체

  见面 → 见你

  ② 이합동사 분리 후 [목적어 + 的] 를 추가

  见面 → 见你的面

  ❸ 중첩은 AAB

  帮忙 → 帮帮忙
  (AB)　　(AAB)
  일을 돕다　일 좀 돕다

 **실전연습**   다음 중 틀린 부분을 찾고 그 이유를 설명하세요.

1. 我想帮忙你。 → 我想帮你。/我想帮你的忙。
   나는 너를 돕고 싶다.
   이합동사 뒤에 다른 목적어를 동반할 수 없다.
   목적어가 필요한 경우 ① 이합동사의 목적어 부분 삭제
   ② 이합동사 분리 후 사이에 ['목적어 + 的']를 추가

2. 咱们聊天聊天。 → 咱们聊聊天。
   우리 수다 좀 떨어요.
   이합동사의 중첩 형식은 AAB

3. 她每天生气我。 → 她每天生我的气。
   그녀는 매일 나에게 화를 낸다.
   이합동사 뒤에 다른 목적어를 동반할 수 없다.

 **심화연습**

1. 다음 빈칸에 들어갈 알맞은 말을 고르세요.

1) 他总是在大家面前(　　)。그는 늘 사람들 앞에서 나를 놀린다.
   ① 开我的玩笑　② 开玩笑　③ 开玩笑的我　④ 我的玩笑开

2) 我很孤单，我们(　　)吧！나는 너무 외롭다. 우리 수다 좀 떨자!
   ① 聊天聊天　② 聊聊天　③ 帮帮忙　④ 帮忙帮忙

3) 咱们一会儿去海边(　　)吧！우리 이따가 해변에 가서 수영 좀 하자!
   ① 游游泳　② 见见面　③ 帮帮忙　④ 吃吃饭

2. 주어진 단어들을 사용하여 문장을 배열해 보세요.

   游泳 / 咱们 / 一起去 / 吧!　　우리 같이 수영하러 가자!

帮忙 [bāngmáng]: 동 일을 돕다
生气 [shēngqì]: 동 화나다
大家 [dàjiā]: 대 여러분
孤单 [gūdān]: 형 외롭다

聊天 [liáotiān]: 동 수다떨다
总是 [zǒngshì]: 부 늘
开玩笑 [kāiwánxiào]: 농담을 하다
海边 [hǎibiān]: 명 바닷가

CHAPTER 08 이중목적어(双宾语)

 개념 이해

- **이중목적어문이란?**

    한 문장 안에 하나의 동사가 동시에 두 개의 목적어를 가지는 문장   예) 나는 너에게 돈을 준다.
    목적어1 목적어2 동사

- **이중목적어문의 형식**

    주어 + 동사 + 사람 + 사물   예) 我 给 你 钱。
    나는 너에게 돈을 준다.

 핵심 포인트

- **이중목적어를 쓸 수 있는 동사**

[주어 + 동사 + 목적어1 + 목적어2]				
给 gěi 주다	送 sòng (선물)주다, 보내다	教 jiāo 가르치다	告诉 gàosu 알려주다	通知 tōngzhī 통지하다
借 jiè 빌리다, 빌려주다	还 huán 돌려주다	问 wèn 묻다	叫 jiào 부르다	找 zhǎo 거슬러 주다, 찾다

- **이중목적어의 용법**

> 주어 + 동사 + 목적어(사람) + 목적어(사물)

他给我礼物了。
tā gěi wǒ lǐwù le
그는 나에게 선물을 줬다.

她告诉我秘密了。
tā gàosu wǒ mìmi le
그녀는 나에게 비밀을 알려줬다.

 **실전연습**　다음 빨간색으로 된 단어를 읽고 뜻을 말하세요.

1. 他**借**我钱。
그는 나에게 돈을 빌려준다.
→ **借** jiè 빌려주다

2. 我**还**他钱。
나는 그에게 돈을 돌려준다.
→ **还** huán 돌려주다, 갚다

3. 我**教**他汉语。
나는 그에게 중국어를 가르친다.
→ **教** jiāo 가르치다

4. 我**问**他一个问题。
나는 그에게 질문 하나를 한다.
→ **问** wèn 묻다

 심화연습

1. 다음 빈칸에 들어갈 알맞은 말을 고르세요

1) 他(　　)了我很多知识。그는 나에게 많은 지식을 가르쳤다.
① 教　　② 知道　　③ 通知　　④ 还

2) 他让我尽快(　　)他钱。그는 나에게 빨리 돈을 갚으라고 했다.
① 找　　② 还　　③ 教　　④ 给

3) 我(　　)你一个秘密。너에게 비밀을 하나 알려줄게.
① 还　　② 不　　③ 已经　　④ 告诉

2. 주어진 단어들을 사용하여 문장을 배열해 보세요.

小明。/ 我 / 朋友们 / 叫　　친구들은 나를 小明이라고 부른다.

还 ①[hái]: 뷔 아직, 여전히, 또, 더욱　②[huán]: 동 돌려주다, 갚다
钱 [qián]: 몡 돈　　　　　　　　　**汉语** [hànyǔ]: 몡 중국어
问题 [wèntí]: 몡 문제　　　　　　　**尽快** [jǐnkuài]: 뷔 되도록 빨리

CHAPTER 09 형용사(形容词)

 개념 이해

- **형용사란?**

    사람 또는 사물의 '모습, 상태, 성질'을 나타내는 단어   예) 바쁘다, 예쁘다, 크다, 많다

- **형용사의 문장 위치**

    주어 + 부사 + **형용사** + 목적어(×)

 핵심 포인트

- **형용사의 필수 단어**

忙 máng 바쁘다	累 lèi 지치다	贵 guì 비싸다
冷 lěng 춥다	可爱 kě'ài 귀엽다	高兴 gāoxìng 즐겁다

- **형용사의 특징**

    ❶ 부사의 수식을 받는다.

    累 → 很累
    지치다   매우 지치다

    ❷ 목적어를 가질 수 없다.

    형용사 술어문의 기본 문장 구조
    주어 + (부사) + **형용사**

❸ 중첩: 형용사의 중첩은 강조를 나타낸다.

AA

甜甜
tiántián
달달하다

AABB

高高兴兴
gāogāo xìngxìng
기쁘다

❹ 부정은 '不'로 한다. *'不'의 성조변화를 주의할 것.

不忙
bù máng
안 바쁘다

不累
bú lèi
안 피곤하다

不高兴
bù gāoxìng
안 즐겁다

 **핵심 체크**

- **부사:** 형용사 또는 동사를 꾸며주는 단어 ㉠ 매우, 모두, 정말, 곧 등
- **형용사 술어문의 기본 구조:** [주어 + (부사) + 형용사] *목적어가 올 수 없다.
- **형용사 중첩 A→AA / AB→AABB:** 의미가 강조된다. ㉠ 귀엽다 → 아주 귀엽다

실전연습

다음 빈칸에 적당한 단어를 넣어보세요.

贵	教	吃	年轻
비싸다	가르치다	먹다	젊다

1. 我(教)他汉语。　　　　나는 그에게 중국어를 가르친다.
2. 我没(吃)饭。　　　　　나는 밥을 먹지 않았다.
3. 我还(年轻)。　　　　　나는 아직 젊다.
4. 这件衬衫不(贵)。　　　이 셔츠는 비싸지 않다.

심화연습

1. 다음 빈칸에 들어갈 알맞은 말을 고르세요.

    1) 我真的(　)饿。 난 정말 배가 고프지 않다.
       ① 没　　② 没有　　③ 不　　④ 不很

    2) 工作了一天, 太(　)了! 하루 종일 일을 했더니 너무 지친다!
       ① 累　　② 可爱　　③ 贵　　④ 高兴

    3) 我(　)地出去玩儿了。 나는 기쁘게 놀러 나갔다.
       ① 高高兴兴　　② 高兴高兴　　③ 不高兴　　④ 冷冷

2. 주어진 단어들을 사용하여 문장을 배열해 보세요.

    不 / 贵。/ 鞋 / 这双　　이 신발은 비싸지 않다.

贵 [guì]: 형 비싸다　　**教** [jiāo]: 동 가르치다.　　**吃** [chī]: 동 먹다
饭 [fàn]: 명 밥　　**年轻** [niánqīng]: 형 젊다, 어리다　　**衬衫** [chènshān]: 명 셔츠
鞋 [xié]: 명 신발

CHAPTER 10 文章构造1

 개념 이해

- **중국어 기본 문장이란?**

    주어 + 술어 + (목적어)
            동사 + (목적어)
            형용사 + (목적어 ✕)

- **문장의 종류**

    1. 동사 술어문: 주어 + 동사 + (목적어)

    ❶ 이합동사문   예) 我们游泳吧。
                               우리 수영하자.

    ❷ 이중 목적어 문장   예) 他送我礼物。
                                     그는 나에게 선물을 준다.

    2. 형용사 술어문: 주어 + (부사) + 형용사   예) 她很漂亮。
                                                   그녀는 매우 예쁘다.

- **형용사 술어문의 특징**

    ❶ 목적어가 없다.
    ❷ 형용사 술어는 부사의 수식을 받는다.

 핵심 포인트

- **중국어 문장 구조란?**

    ❶ 동사 술어문

주어 + 동사 + 목적어	주어 + 동사 + 목적어1(사람) + 목적어2(사물)
他学习汉语。 tā xuéxí hànyǔ 그는 중국어를 공부한다.	他教我汉语。 tā jiāo wǒ hànyǔ 그는 나에게 중국어를 가르쳐 준다.

❷ 동사 술어문

주어 + 부사 + 형용사	주어 + 부사 + 형용사
我很忙。 wǒ hěn máng 나는 바쁘다.	韩国很冷。 Hán'guó hěn lěng 한국은 매우 춥다.

❸ 중첩

주어 + 형용사 중첩 (AA / AABB)	주어 + 동사의 중첩 (AA / ABAB)
蛋糕甜甜的。 dàn'gāo tiántián de 케이크는 매우 달달하다.	我们休息休息。 wǒmen xiūxi xiūxi 우리 좀 쉬자.

- 동사 술어문의 특징

  ❶ 목적어를 동반할 수 있다. [주어 + 동사 + 목적어]
  ❷ 목적어가 2개인 문장: [주어 + 술어 + 목적어1(사람) + 목적어2(사물)]
  ❸ 이합동사: 각기 다른 한자가 결합해 또 다른 단어가 만들어진 동사이다. [동사 + 명사]

- 형용사 술어문의 특징

  ❶ 목적어를 동반할 수 없다. [주어 + 형용사 + 목적어(×)]
  ❷ 부사의 수식을 받을 수 있다. [주어 + 부사 + 형용사]
  ❸ 부정은 '不'로만 할 수 있다.

[단어] 学习 [xuéxí]: 동 공부하다   忙 [máng]: 형 바쁘다
        汉语 [hànyǔ]: 명 중국어   冷 [lěng]: 형 춥다

 **실전연습**   다음 문장을 작문해 보세요.

1. 그는 나한테 화났다.

他	我	生气
그	나	화내다

   → 他生我的气。

   이합동사 뒤에 목적어가 올 수 없다.
   목적어가 필요한 경우, 이합동사를 분리하고
   사이에 [목적어 + 的]를 삽입한다.

2. 그녀는 매우 예쁘다.

她	漂亮	很
그녀	예쁘다	매우

   → 她很漂亮。

3. 나는 안 피곤해.

我	累	不
나	피곤하다	아니다

   → 我不累。

   형용사의 부정은 '不'로 한다.

 심화연습

1. 다음 빈칸에 들어갈 알맞은 말을 고르세요

   1) 我真的(　)忙。 나는 정말로 바쁘지 않다.
      ① 不　　② 没　　③ 否　　④ 是

   2) 他(　)我汉语。 그는 나에게 중국어를 가르친다.
      ① 教　　② 告诉　　③ 忙　　④ 练习

   3) 苹果(　)。 사과는 새콤하다.
      ① 很累　　② 酸酸的　　③ 非常　　④ 甜甜

2. 주어진 단어들을 사용하여 문장을 배열해 보세요.

   休息休息吧。 / 去 / 咱们 / 那儿 / 一起　우리 함께 저쪽으로 가서 좀 쉬자.

漂亮 [piàoliang]: 형 예쁘다　　**很** [hěn]: 부 매우　　**真的** [zhēnde]: 부 정말로
酸 [suān]: 형 시다　　**一起** [yìqǐ]: 부 같이

CHAPTER 11 부사(副词)

 **개념 이해**

- **부사란?**

    동사와 형용사를 꾸미거나 보충하는 단어　예 매우, 이미, 벌써, 모두 등

- **부사의 위치**

    일반적으로 **주어 + (부사) + 술어(동사/형용사)**

    * 일부 부사는 문장의 맨 앞에 위치하기도 함

 핵심 포인트

- **부사의 종류**

시간부사	已经 yǐjīng 이미	刚才 gāngcái 방금	总是 zǒngshì 항상
정도부사	很 hěn 매우	非常 fēicháng 굉장히	有点儿 yǒudiǎnr 조금
빈도부사	常常 chángcháng 항상	再 zài 또, 다시	又 yòu 또
범위부사	都 dōu 모두	一起 yìqǐ 함께	一共 yígòng 전부

부정부사	不 bù 아니다 (현재, 미래의 부정)	没 méi 없다 (과거의 부정)	
상태부사	突然 tūrán 갑자기	仍然 réngrán 여전히	一下子 yíxiàzi 갑자기
어기부사	到底 dàodǐ 도대체	可能 kěnéng 아마	却 què 오히려

- 부사의 용법

주어 + (부사) + 술어(동사/형용사)

我常常运动。
wǒ chángcháng yùndòng
나는 자주 운동한다.

今天非常冷。
jīntiān fēicháng lěng
오늘 매우 춥다.

실전연습

다음 빈칸에 적당한 단어를 넣어보세요.

有点儿	到底	常常
조금	도대체	자주

1. 今天的考试(有点儿)难。 오늘의 시험은 조금 어렵다.

2. 我(常常)去公园。 나는 자주 공원에 간다.

3. 你(到底)来不来？ 너는 대체 올거니 안 올거니?

정반의문문: 술어의 긍정과 부정을 연이어 사용하 만든 의문문 [A + 不A]

심화연습

1. 다음 빈칸에 들어갈 알맞은 말을 고르세요.

1) 她今天(　)有事，不能来了。 그녀는 오늘 갑자기 일이 있어서 올 수 없어.
   ① 仍然　　② 常常　　③ 到底　　④ 突然

2) 你(　)怎么了? 너 도대체 왜 이래?
   ① 可能　　② 到底　　③ 一下子　　④ 总是

3) 我今天中午没吃饭，(　)饿了。 나는 오늘 점심을 안 먹어서 배가 조금 고프다.
   ① 有点儿　　② 常常　　③ 总是　　④ 没有

2. 주어진 단어들을 사용하여 문장을 배열해 보세요.

一起 / 去市场 / 我们 / 了。 우리는 같이 시장에 갔다.

考试 [kǎoshì]: 명 시험
来 [lái]: 동 오다
公园 [gōngyuán]: 명 공원
市场 [shìchǎng]: 명 시장

CHAPTER 12 조동사(助动词)

 개념 이해

- **조동사란?** = 능원동사(能愿动词)

  동사를 도와주는 단어 예 ~할 수 있다, ~해야 한다 등

- **조동사의 위치**

  주어 + **조동사** + **동사** + 목적어
  ~하고 싶다
  ~해야 한다
  ~할 수 있다

 핵심 포인트

- **조동사의 종류**

  ❶ 바람

  | 想 xiǎng ~하고 싶다 | ↔ | 不想 bùxiǎng ~하고 싶지 않다 |

  | 要 yào ~하고 싶다 | ↔ | 不要 búyào ~하면 안 된다 |

  | 敢 gǎn 감히 ~하다 | ↔ | 不敢 bùgǎn 감히 ~하지 못한다 |

❷ 가능

❸ 당위

- 조동사의 용법

주어 + 조동사 + 동사 + 목적어

我想买书。
wǒ xiǎng mǎi shū
나는 책을 사고 싶다.

- 조동사의 특징

❶ 중첩하지 않는다.
❷ 부정은 '不'로 한다.
❸ 정도부사 '很, 非常' 등과 같이 쓸 수 있다.

 **실전연습**   다음 빨간색으로 된 단어와 문장을 해석해 보세요.

1. 我**想**吃辣的。 → 나는 매운 것을 먹고 싶다.
   [xiǎng] ~하고 싶다 (바람)

2. 我**可以**吃辣的。 → 나는 매운 것을 먹을 수 있다.
   [kěyǐ] ~할 수 있다 (허락)

3. 我**能**吃辣的。 → 나는 매운 것을 먹을 수 있다.
   [néng] ~할 수 있다 (능력)

4. 我**不敢**吃辣的。 → 나는 감히 매운 것을 먹을 수 없다.
   [bùgǎn] 감히~하지 못하다 (바람)

 심화연습

1. 다음 빈칸에 들어갈 알맞은 말을 고르세요

1) 明天考试, 我(   )去学习了。 내일 시험이 있어서, 나는 공부를 해야해.
   ① 不敢   ② 敢   ③ 不应该   ④ 应该

2) 我的胃不好, (   )吃辣的。 나는 위가 안 좋아서, 매운 것을 못 먹어.
   ① 应该   ② 想   ③ 不能   ④ 能

3) 很冷的时候, 你(   )喝凉水吗? 엄청 추울 때, 너는 감히 얼음물을 마실 수 있어?
   ① 要不要   ② 不可以   ③ 敢   ④ 得

2. 주어진 단어들을 사용하여 문장을 배열해 보세요.

   做饭。 / 很小 / 她 / 就会   그녀는 아주 어렸을 때부터 요리할 줄 알았다.

酸 [suān]: 형 시다   甜 [tián]: 형 달다   苦 [kǔ]: 형 쓰다
辣 [là]: 형 맵다   咸 [xián]: 형 짜다   胃 [wèi]: 명 위
热 [rè]: 형 덥다   冷 [lěng]: 형 춥다   做饭 [zuòfàn]: 동 요리하다

CHAPTER 13 전치사(介词)

 개념 이해

- **전치사란?** = 개사(介词)

    단어와 단어 사이를 연결해 주는 단어   예) ~와, ~에서, ~에게, ~부터

- **전치사의 위치**

    주어 + **전치사구** + 동사 + 목적어   예) 도서관에서, 엄마와, 7시에
    (전치사 + 명사)

 핵심 포인트

- **전치사의 종류**

    ❶ (장소) '~에서'

    在 zài + 장소

    ❷ (장소/시간) '~부터'

    从 cóng + 장소/시간

    ❸ (대상) '~에게'

    给 gěi + 대상

❹ (대상) '~와(과)/랑'

跟 / 和 + 대상
gēn   hé

❺ (목적) '~을 위하여'

为了 + 목적
wèile

- 전치사의 용법

주어 + 전치사구 + 동사 + 목적어
(전치사 + 명사)

我给朋友打电话。
wǒ gěi péngyou dǎ diànhuà
나는 친구에게 전화한다.

- 전치사의 특징

❶ 단독으로 사용 불가하다. [전치사 + 명사]
❷ 동사 뒤에도 일부 전치사를 쓸 수 있는데 이때는 동사의 결과를 보충 설명한다.

[단어]   朋友 [péngyou]: 명 친구   打电话 [dǎ diànhuà]: 동 전화하다

실전연습

다음 빈칸에 적당한 단어를 넣어보세요.

在	给	跟
~에서	~에게	~와/랑

1. 我(在)图书馆学习。   나는 도서관에서 공부한다.

2. 我(跟)朋友见面。   나는 친구와 만난다.

3. 我(给)老师打电话。   나는 선생님에게 전화한다.

심화연습

1. 다음 빈칸에 들어갈 알맞은 말을 고르세요.

1) (　　)家到机场需要多久？ 집에서 공항까지 얼마나 걸리나요?
　① 跟　　② 从　　③ 和　　④ 为了

2) (　　)把作业写完, 我都没有吃晚饭。 숙제를 다 하기 위해서 나는 저녁밥도 안 먹었어.
　① 为了　② 到底　③ 再　　④ 跟

3) 我(　　)小明打电话。 내가 小明에게 전화를 건다.
　① 往　　② 到　　③ 给　　④ 在

2. 주어진 단어들을 사용하여 문장을 배열해 보세요.

　在机场 / 我 / 见面。 / 跟她 　　나는 그녀와 공항에서 만난다.

图书馆 [túshūguǎn]: 명 도서관　**学习** [xuéxí]: 동 공부하다　**朋友** [péngyou]: 명 친구
见面 [jiànmiàn]: 동 만나다　**老师** [lǎoshī]: 명 선생님　**机场** [jīchǎng]: 명 공항
需要 [xūyào]: 동 필요하다　**晚饭** [wǎnfàn]: 명 저녁밥

CHAPTER 14 문장구조 2

 개념 이해

- **중국어의 문장 구조란?**

    주어 + 기타 등등 + 술어(동사/형용사) + 목적어
          (부사/조동사/전치사구)

    예) 我不想跟你吃饭。
    나는 너와 밥을 먹고 싶지 않아.

 핵심 포인트

- **중국어의 문장 구조**

    주어 + (부사 / 조동사 / 전치사구) + 술어 + 목적어

    我已经跟他说了。
    wǒ yǐjīng gēn tā shuōle
    나는 벌써 그와 얘기했어.

    我不想给他打电话。
    wǒ bù xiǎng gěi tā dǎ diànhuà
    나는 그에게 전화 걸고 싶지 않아.

我常常在家学习。
wǒ chángcháng zàijiā xuéxí
나는 자주 집에서 공부해.

我不敢在中国生活。
wǒ bù gǎn zài Zhōngguó shēnghuó
나는 감히 중국에서 생활 못 하겠어.

[단어] **打电话** [dǎ diànhuà]: 통 전화를 하다   **学习** [xuéxí]: 통 공부하다
生活 [shēnghuó]: 통 생활하다

 **실전연습**   다음 중 틀린 부분을 찾고 그 이유를 설명하세요.

1. 我在图书馆不学习。 → 我不在图书馆学习。
   나는 도서관에서 공부를 안 한다.
   주어 + [부사/조동사/전치사] + 술어 + 목적어

2. 我想不学习汉语。 → 我不想学习汉语。
   나는 중국어 공부를 하고 싶지 않다.
   주어 + [부사/조동사/전치사] + 술어 + 목적어

3. 我从今天开始想学习汉语。 → 我想从今天开始学习汉语。
   나는 오늘부터 중국어 공부를 하고 싶다.
   주어 + [부사/조동사/전치사] + 술어 + 목적어

 심화연습

1. 다음 빈칸에 들어갈 알맞은 말을 고르세요

1) 我(   )姥姥打电话。나는 외할머니에게 전화하고 싶다.
   ① 想给   ② 给   ③ 给想   ④ 不想

2) 我(   )学校看书。나는 자주 학교에서 책을 본다.
   ① 常常看   ② 在常常   ③ 常常在   ④ 看常常

3) 他(   )明天开始在这儿住。그는 내일부터 여기서 지낸다.
   ① 从   ② 回   ③ 不   ④ 想

2. 주어진 단어들을 사용하여 문장을 배열해 보세요.

出去吗? / 你敢 / 在半夜 / 一个人   너는 감히 심야에 혼자 나갈 수 있어?

图书馆 [túshūguǎn]: 명 도서관   **学习** [xuéxí]: 동 공부하다   **汉语** [hànyǔ]: 명 중국어
从 [cóng]: 전 ~부터   **今天** [jīntiān]: 명 오늘   **开始** [kāishǐ]: 동 시작하다
明天 [míngtiān]: 명 내일   **出去** [chūqù]: 동 나가다   **姥姥** [lǎolao]: 명 외할머니
半夜 [bànyè]: 명 심야

CHAPTER 15 동태조사 了(动态助词)

 개념 이해

- **조사(助词)란?**

  단어 뒤에 붙어 문법 관계를 맺어주는 품사

- **동태조사란?**

  동사 뒤에 붙어 동작의 상태를 나타내는 단어 (완료형, 지속/진행형, 경험형)

- **(과거)완료형 '了'**

  '了' [le]: 동사 뒤에 쓰여 동작 또는 변화가 이미 완료되었음을 나타낸다.

  *목적어에 따라 위치가 변동할 수 있음

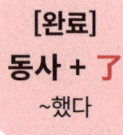

[완료]
동사 + 了
~했다

예) 吃 먹다 → 吃了 먹었다
　　看 보다 → 看了 보았다

 핵심 포인트

- **'了'의 위치**

  주어 + 동사 + 了 + (긴)목적어(양사 + 명사, 지시대명사, 구체적인 것)

  我喝了一杯咖啡。
  wǒ hē le yìbēi kāfēi
  나는 커피 한 잔을 마셨다.

주어 + 동사 + (짧은)목적어 + 了

我买书了。
wǒ mǎi shū le
나는 책을 샀다.

我买了一本书。
wǒ mǎi le yì běn shū
나는 한 권의 책을 샀다.

- **'了'의 특징**

    ❶ 습관적이면 '了'는 붙이지 않는다.

    我常常喝咖啡了。(✗) → 我常常喝咖啡。(○)

    ❷ 동사 뒤의 목적어가 동사구일 때, '了'를 붙이지 않는다.

    ❸ 완료(과거) 부정은 '没'로 하며, '了'와 함께 쓰지 않는다.

    没吃了(✗) → 没吃(○)

    没去了(✗) → 没去(○)

    ❹ [A]了, 就[B] = [A]하자 마자, 바로 [B]한다.

    到了, 就打电话。= 도착하자마자, 바로 전화한다.

[단어] 买 [mǎi]: 동 사다   书 [shū]: 명 책
       喝 [hē]: 동 마시다   咖啡 [kāfēi]: 명 커피

 **실전연습** 다음 중 틀린 부분을 찾고 그 이유를 설명하세요.

1. 我吃了饭。 → 我吃饭了。
   나는 밥을 먹었다.
   동사 뒤에 한 단어의 목적어가 올 땐, 목적어 뒤에 '了'를 붙인다.

2. 我常常喝茶了。 → 我常常喝茶。
   나는 자주 차를 마신다.
   동작이 습관적이면 '了'는 붙이지 않는다

3. 我没买衣服了。 → 我没买衣服。
   나는 옷을 사지 않았다.
   '没'(부정부사)와 '了'는 함께 쓰지 않는다.

 **심화연습**

1. 다음 빈칸에 들어갈 알맞은 말을 고르세요.

   1) 我(   )一会儿觉。 나는 한숨 잤다.
      ① 睡　　　② 睡了　　　③ 没睡　　　④ 不睡

   2) 我经常去操场(   )。 나는 자주 운동장에 가서 운동을 한다.
      ① 运动了　　② 运了动　　③ 运动　　　④ 看电影了

   3) 我(   )了。 나는 밥을 먹었다.
      ① 没吃饭　　② 吃饭　　　③ 不吃饭　　④ 常常吃饭

2. 주어진 단어들을 사용하여 문장을 배열해 보세요.

   一辆车。 / 买 / 我 / 了　　나는 자동차 한 대를 샀다.

饭 [fàn]: 몡 밥　　　　　喝 [hē]: 동 마시다　　　　茶 [chá]: 몡 차
常常 [chángcháng]: 부 자주, 종종　　买 [mǎi]: 사다　　衣服 [yīfu]: 몡 옷
操场 [cāochǎng]: 몡 운동장

CHAPTER 16 동태조사 过

 개념 이해

- **동태조사란?**

  동사 뒤에 붙어 동작의 상태를 나타내는 단어 (완료형, 지속/진행형, 경험형)

- **경험형 '过'**

  '过' [guo]: 동사 뒤에 쓰여 과거의 경험을 나타낸다.

  [경험]
  동사 + 过
  ~한 적 있다.

  예) 喝 마시다 → 喝过 마신 적이 있다 → 喝过咖啡 커피를 마신 적이 있다.
  看 보다 → 看过 본 적이 있다 → 看过电影 영화를 본 적이 있다.

 핵심 포인트

- '过'의 위치

  주어 + 동사 + 过 + 목적어

  我穿过韩服。
  wǒ chuān guo hánfú
  나는 한복을 입어본 적 있다.

  我去年去过北京。
  wǒ qùnián qù guo Běijīng
  나는 작년에 북경에 가 봤다.

我吃过中国菜。
wǒ chī guo zhōngguó cài
나는 중국음식을 먹어본 적 있다.

他坐过飞机。
tā zuò guo fēijī
그는 비행기를 타본 적 있다.

- **'过'의 특징**

  ❶ 동작이 습관적이거나 자주 발생할 때, '过'를 붙이지 않는다.

  我常常坐过飞机。(✗) → 我常常坐飞机。(○)

  ❷ 인지/지각동사와 '过'를 함께 쓰지 않는다.

  ❸ (과거)경험 부정은 '没'로 한다.

穿过	→	没穿过
입어본 적이 있다		입어본 적이 없다

看过	→	没看过
본 적이 있다		본 적이 없다

  ❹ 从来没 + [동사] + 过 = 여태껏 ~한 적 없다.

[단어]
穿 [chuān]: 통 입다
去年 [qùnián]: 명 작년
飞机 [fēijī]: 명 비행기
韩服 [hánfú]: 명 한복
中国菜 [zhōngguó cài]: 명 중국 요리

 **실전연습**   다음 문장을 중국어로 바꿔보세요.

1. 나는 중국에 가본 적 있어. ➡ 我去过中国。
   (경험)

2. 나는 여태껏 중국에 가본 적 없어. ➡ 我从来没去过中国。
   (경험부정)
   [从来没 + (동사) + 过] : 여태껏 ~해본 적 없다.

3. 나는 자주 중국에 갔었어. ➡ 我常常去中国。
   습관적이거나 자주 발생하는 과거 경험에는 '过'를 생략

4. 나는 그의 이름을 알고 있었어. ➡ 我知道他的名字。
   인지/지각동사가 있으면, '过'를 생략

 심화연습

1. 다음 빈칸에 들어갈 알맞은 말을 고르세요

1) 我(　　)螃蟹。나는 게를 먹어본 적이 없다.
   ① 不吃过　　② 想吃过　　③ 总吃过　　④ 没吃过

2) 我(　　)其他国家。나는 다른 나라에 가본 적이 없다.
   ① 没过　　② 不去过　　③ 想去过　　④ 没去过

3) 我(　　)他的一些事。나는 그에 대한 얘기를 들어본 적이 있다.
   ① 听说过　　② 知道过　　③ 感觉过　　④ 认识过

2. 주어진 단어들을 사용하여 문장을 배열해 보세요.

   电影院。/ 去 / 过 / 我   나는 영화관에 가봤다.

从来 [cónglái]: 툇 지금까지, 여태껏
螃蟹 [pángxiè]: 몡 게
电影院 [diànyǐngyuàn]: 몡 영화관
知道 [zhīdào]: 동 알다
国家 [guójiā]: 몡 국가

CHAPTER 17 동태조사 着

 개념 이해

- **동태조사란?**

  동사 뒤에 붙어 동작의 상태를 나타내는 단어 (완료형, 지속/진행형, 경험형)

- **진행/지속형 '着'**

  '着' [zhe]: 동사 뒤에 쓰여 동작이 지속 또는 진행되고 있음을 나타낸다.

[진행/지속]
동사 + 着
~하고 있다.
~하는 중이다.
~한 채로 있다.

예 放 놓다 → 放着 놓여져 있다

 핵심 포인트

- **'着'의 위치**

주어 + (전치사) + 동사 + 着 + 목적어

门开着。
mén kāi zhe
문이 열려 있다.

我穿着衣服。
wǒ chuān zhe yīfu
나는 옷을 입은 채로 있다.

你们在这儿坐着。
nǐmen zài zhèr zuò zhe
너희들 여기에 앉아 있다.

我正在说。
wǒ zhèngzài shuō
나는 말하고 있는 중이다.

我正在说着。
wǒ zhèngzài shuō zhe
나는 말하고 있는 중이다.

- **'着'의 특징**

  ❶ 正在[동사]着: [동사]하는 중이다. (현재 진행형)

  > 我说 = 我正在说(着)
  > 나는 말한다   나는 말하는 중이다

  ❷ [동사1] 着 [동사2] : [동사1]한 채로 [동사2]한다. (동시 진행)

  > 坐着看书
  > 앉은 채로 책을 본다

  ❸ 지속/진행의 부정은 '没'로 한다.

  > 穿着 → 没穿着
  > 입은 채로 있다   입은 채로 있지 않다

[단어]
开 [kāi]: 동 열다
衣服 [yīfu]: 동 옷
说 [shuō]: 동 말하다
穿 [chuān]: 동 입다
坐 [zuò]: 동 앉다
正在 [zhèngzài] : 부 지금 ~하고 있다

실전연습

다음 빈칸에 적당한 단어를 넣어보세요.

过	着	了
~한 적 있다	~한 채로 있다	~했다

1. 我穿(过)这件衣服。 (경험) 나는 이 옷을 입은 적 있다.

2. 我穿(着)这件衣服。 (지속/진행) 나는 이 옷을 입은 채로 있다.

3. 我穿(了)这件衣服。 (과거완료) 나는 이 옷을 입었었다.

심화연습

1. 다음 빈칸에 들어갈 알맞은 말을 고르세요.

1) 他(   )书睡着了。 그는 책을 보다가 잠이 들었다.
   ① 吃着　　② 闻着　　③ 躺着　　④ 看着

2) 他今天(   )一件黑色的西服, 非常帅。 그는 오늘 검은색 양복을 입고 있는데, 아주 멋있다.
   ① 不穿着　　② 穿着　　③ 没穿　　④ 穿没

3) 他一边看着电视, 一边(   )饭。 그는 텔레비전을 보면서 밥을 먹는다.
   ① 看着　　② 闻着　　③ 尝着　　④ 吃着

2. 주어진 단어들을 사용하여 문장을 배열해 보세요.

正在 / 一本 / 她 / 中文小说。 / 看着　　그녀는 중국어 소설을 보고 있다.

西服 [xīfú]: 명 양복　　　　**电视** [diànshì]: 명 텔레비전

CHAPTER 18 구조조사 的(结构助词)

 개념 이해

- **조사란?**

  단어 뒤에 붙어 어법관계나 말투, 부가적 의미를 나타내는 품사

- **구조조사란?**

  단어, 구, 문장의 뒤에 붙어 어법관계(소유/소속/관계/한정)를 나타내는 품사 (종류: 的/地/得)

- **구조조사 '的' 란?**

  '的' [de]: [관형어] 뒤에 붙어 명사를 꾸며주는 단어 (~한, ~인, ~의)

  * 관형어: [명사/대병사]를 수식하는 문장 성분

  예) (예쁘다) + 的 + (선생님) → 예쁜 선생님

  (서울에 산다) + 的 + (선생님) → 서울에 사는 선생님

 핵심 포인트

- **구조조사 '的'의 용법**

  (~的)주어 + (기타) + 동사 + (~的)목적어

  [명사/구/문장] + 的 + [명사]
  관형어　　　(~한,~인,~의)　중심어

  ## 我的本子。
  wǒ de běnzi
  나의 공책

  ## 可爱的妹妹。
  kě'ài de mèimei
  귀여운 여동생

我买的衣服。
wǒ mǎi de yīfu
내가 산 옷

- '的'의 특징

    ❶ '단체, 소속'을 수식할 땐, '的'를 생략 가능하다.

    我的公司。 → 我公司。
    나의 회사

    我们的班。 → 我们班。
    우리의 반

    我的妈妈。 → 我妈妈。
    나의 엄마

    ❷ 한 글자(1음절) 형용사일 땐, '的'를 생략 가능하다.

    好的朋友。 → 好朋友。
    좋은 친구

    新的朋友。 → 新朋友。
    새 친구

[단어]   可爱 [kě'ài]: 혱 귀엽다   妹妹 [mèimei]: 몡 여동생   本子 [běnzi]: 몡 공책

실전연습

다음 빈칸에 적당한 단어를 넣어보세요.

她的	冷的	买的
그녀의	추운	산

1. 这是我(买的)苹果。　　　　　이것은 내가 산 사과이다.

2. 我买了(她的)衣服。　　　　　나는 그녀의 옷을 샀다.

3. 这么(冷的)天气, 小心感冒。　이렇게 추운 날씨에 감기 조심하세요.

심화연습

1. 다음 빈칸에 들어갈 알맞은 말을 고르세요

   1) 这不是我的车, 这是(　　)车。 이건 나의 자동차가 아니다. 이건 우리 아버지의 차다.
      ① 我爸爸的　　② 漂亮的　　③ 给的　　④ 买的

   2) 他是昨天(　　)新同学。 그는 어제 새로 온 학우야.
      ① 来的　　② 买的　　③ 冷的　　④ 贵的

   3) 他有一个(　　)弟弟。 그에게는 귀여운 남동생이 한 명 있다.
      ① 可爱的　　② 非常　　③ 我的　　④ 着

2. 주어진 단어들을 사용하여 문장을 배열해 보세요.

   考试 / 数学。 / 最难的 / 明天的 / 是　　내일의 시험은 가장 어려운 수학이다.

买 [mǎi]: 동 사다　　　**苹果** [píngguǒ]: 명 사과　　　**天气** [tiānqì]: 명 날씨
小心 [xiǎoxīn]: 조심　　**感冒** [gǎnmào]: 명 감기　　**车** [chē]: 명 자동차
同学 [tóngxué]: 명 학우　**数学** [shùxué]: 명 수학　　**最** [zuì]: 부 가장, 제일
难 [nán]: 형 어렵다

CHAPTER 19 구조조사 地

 개념 이해

- **구조조사란?**

    단어, 구, 문장 뒤에 붙어 어법관계를 나타내는 품사 (종류: 的/地/得)

- **구조조사 '地'란?**

    '地' [de]: [관형어] 뒤에 붙어 관형어를 [부사어]로 만들어 [동사]를 수식하는 단어 (~하게, ~히)

    예) (기쁘다) + 地 + (돌아가다) → 기쁘게 돌아가다.
    (빠르다) + 地 + (뛰다) → 빠르게 뛰다.

 핵심 포인트

- **구조조사 '地'의 용법**

    주어 + [형용사] + 地 + [동사] + 목적어
    　　　　부사어　　　　술어

    孩子们高兴地唱歌。
    háizimen gāoxìng de chàng gē
    아이들이 기쁘게 노래를 부른다.

    孩子们慢慢地走。
    háizimen mànmàn de zǒu
    아이들이 매우 천천히 걷는다.

    一年很快地过去了。
    yìnián hěnkuàide guòqùle
    일 년이 빠르게 지나갔다.

- **'地'의 특징**

    ❶ 1음절 형용사일 땐, 중첩 또는 [부사 + 형용사] 형식으로 사용한다.

    ① 중첩

    $$\underset{\text{천천히}}{慢地} (✗) \rightarrow \underset{\text{매우 천천히}}{慢慢地} (○)$$

    ② [부사 + 형용사]

    $$非常慢地$$

    ❷ [부사/전치사구]가 부사어로 사용될 때, '地'를 쓰지 않는다.

[단어] 孩子们 [háizimen]: 몡 아이들   高兴 [gāoxìng]: 휑 기쁘다
        唱歌 [chànggē]: 통 노래를 부르다   慢慢地 [mànmànde]: 뷔 천천히
        非常 [fēicháng]: 뷔 대단히   女孩子 [nǚháizi]: 몡 여자아이
        男孩子 [nánháizi]: 몡 남자아이   过 [guo]: 조 ~한 적이 있다 [guò]: 통 건너다, 지나다

실전연습

다음 빈칸에 적당한 단어를 넣어보세요.

地 + (동사)	的 + (명사)
~게/~히	~한 ~

1. 我买(的)书很有意思。   내가 산 책은 매우 재미있다.

2. 她高高兴兴(地)跑回家。   그녀는 매우 기쁘게 달려서 집으로 돌아간다.

심화연습

1. 다음 빈칸에 들어갈 알맞은 말을 고르세요.

1) 她慢慢(　　)走过来。 그녀는 천천히 걸어 왔다.
  ① 的　　　② 得　　　③ 地　　　④ 滴

2) 休息的时候，时间总是(　　)很快。 휴식할 때 시간은 항상 빨리 간다.
  ① 过得　　② 过地　　③ 过的　　④ 过了

3) 我今天看了一部很有意思(　　)电影。 난 오늘 아주 재미있는 영화 한 편을 봤다.
  ① 地　　　② 的　　　③ 得　　　④ 了

2. 주어진 단어들을 사용하여 문장을 배열해 보세요.

很快地 / 作业。 / 她 / 写完了　　그녀는 빠르게 숙제를 끝냈다.

买 [mǎi]: 동 사다　　　书 [shū]: 명 책　　　她 [tā]: 대 그녀
高兴 [gāoxìng]: 형 기쁘다　　跑 [pǎo]: 동 뛰다　　回家 [huíjiā]: 집으로 돌아가다
时间 [shíjiān]: 명 시간　　有意思 [yǒuyìsi]: 형 재미있다　　电影 [diànyǐng]: 명 영화

CHAPTER 20 구조조사 得

 개념 이해

- **구조조사란?**

  단어, 구, 문장 뒤에 붙어 어법관계를 나타내는 품사 (종류: 的 / 地 / 得)

- **구조조사 '得'란?**

  '得' [de]: [동사] 뒤에 쓰여 동작의 상태나 정도, 또는 가능 여부를 보충 설명하는 단어 (정도 / 가능보어)

  예 (말하다) + 得 + (빠르다) → 빠르게 말하다.
  　　(걷다) + 得 + (멀다) → 멀리 걷다.

 핵심 포인트

- **구조조사 '得'의 용법**

  주어 + 동사 + 得 + 형용사/구

  老师说得很慢。
  lǎoshī shuō de hěn màn
  선생님은 천천히 말한다.

  孩子走得很慢。
  háizi zǒu de hěn màn
  아이들이 천천히 걷는다.

- **'得'의 특징**

    ❶ 목적어가 있는 문장에서 구조조사 '得'의 형식

    주어 + (동사) + 목적어 + 동사 + 得 + 형용사/구

    他(说)汉语说得好。
    tā shuō hànyǔ shuō de hǎo
    그는 중국어를 잘한다.

    他(唱)歌唱得好。
    tā chàng gē chàng de hǎo
    그는 노래를 잘한다.

    ❷ 구조조사 '得'의 문장을 부정할 땐, [형용사] 앞에 '不/沒'를 사용한다.

    주어 + (동사) + 목적어 + 동사 + 得 + 不 + 형용사/구

    他(说)汉语说得不好。
    tā shuō hànyǔ shuō de bù hǎo
    그는 중국어를 못 한다.

[단어] 唱 [chàng]: 동 부르다   歌 [gē]: 명 노래
       老师 [lǎoshī]: 명 선생님   很 [hěn]: 부 매우

 **실전연습**   다음 중 틀린 부분을 찾고 그 이유를 설명하세요.

1. 她做菜得很好。 → 她(做)菜做得很好。
   그녀는 요리를 잘 한다.
   구조조사 '得'의 앞에는 항상 동사이다.
   [동사 + 得 + 형용사/구]

2. 她英语不说得慢。 → 她英语说得不慢。
   그녀는 영어를 느리게 말하지 않는다.
   구조조사 '得'의 부정문을 만들 때,
   (형용사/구) 앞에 '不/沒'를 놓는다.
   [동사 + 得 + 不/沒 + 형용사/구]

 심화연습

1. 다음 빈칸에 들어갈 알맞은 말을 고르세요

   1) 她长(   )很美。 그녀는 매우 아름답게 생겼다.
      ① 的   ② 地   ③ 得

   2) 我把房间打扫(   )很干净。 나는 방을 매우 깨끗하게 청소했다.
      ① 得   ② 的   ③ 地

   3) 小明这次考(   )不好。 小明은 이번 시험을 잘 보지 못했다.
      ① 地   ② 的   ③ 得

2. 주어진 단어들을 사용하여 문장을 배열해 보세요.

   包子 / 卖得 / 特别好。 / 他家的   그 가게의 만두는 아주 잘 팔린다.

做 [zuò]: 통 하다 **菜** [cài]: 명 요리
英语 [yīngyǔ]: 명 영어 **慢** [màn]: 형 느리다
房间 [fángjiān]: 명 방 **打扫** [dǎsǎo]: 통 청소하다
干净 [gānjìng]: 형 깨끗하다 **包子** [bāozi]: 명 찐빵

CHAPTER 21 의문문(疑问句)

 개념 이해

- **의문문이란?**
  상대에게 묻는 문장

- **의문문의 종류**
  ▸ **일반의문문**: '吗 [ma]'를 문장 끝에 쓰면서 의문의 뜻을 나타낸다. (~입니까?, ~합니까?)
  ▸ **추측의문문**: '吧 [ba]'를 문장 끝에 쓰면서 '가능, 추측'의 뜻을 나타낸다. (~이죠?)
  ▸ **생략의문문**: '呢 [ne]'를 명사 뒤에 쓰면서 서로 알고 있는 내용을 생략하여 묻는다. (~는?)
  ▸ **선택의문문**: 'A还是B [háishi]'의 구조로 A와 B, 두 항목 중 하나의 선택을 유도한다. (A 아니면 B?)
  ▸ **정반의문문**: (~입니까 아닙니까?, ~합니까 안 합니까?)

 핵심 포인트

- **어기조사 '吗'의 용법**

  [문장] + 吗?
  입니까?

  [긍정]
  你去办公室吗?
  너는 사무실에 가니?

  [부정]
  你不去办公室吗?
  너는 사무실에 안 가니?

  [과거]
  你去办公室了吗?
  너는 사무실에 갔었니?

- **어기조사 '吧'의 용법**

  [문장] + 吧?
  이지? / 이죠?

  你去办公室吧?
  너는 사무실에 가지?

- **어기조사 '呢'의 용법**

  [문장/명사] + 呢?
  은/는?

  你呢?
  너는?

68 중문타파

- **정반의문문(긍정 부정)의 용법**

[A] + [不A]?
[A]해 안해? / [A]합니까 [A]안 합니까?

天气好不好?	你喝不喝咖啡?	[과거] 你喝咖啡了没有?
날씨 좋아 안 좋아?	너는 커피 마시니 안 마시니?	너는 커피 마셨니 안 마셨니?

▶ 의문문 연습:

① 天气好。[tiānqì hǎo] 날씨 좋다.

[吗] 天气好吗?	[吧] 天气好吧?	[정반의문문] 天气好不好?
날씨 좋니?	날씨 좋지?	날씨 좋아 안 좋아?

② 你喝咖啡。[nǐ hē kāfēi] 너는 커피를 마신다.

[吗] 你喝咖啡吗?	[과거] 你喝咖啡了吗?	[정반의문문] 你喝不喝咖啡?	[과거] 你喝咖啡了没有?
너는 커피를 마시니?	너는 커피를 마셨니?	너는 커피를 마시니 안 마시니?	너는 커피를 마셨니 안 마셨니?

- **선택의문문의 용법**

[A] 还是 [B]?
    아니면

你喝咖啡还是(喝)茶?	你去中国还是美国?
너는 커피 마실래 아니면 차 마실래?	너는 중국 가 아니면 미국 가?

핵심 체크

- 你好吗? [nǐ hǎo ma] 안녕하십니까?
- 你吃饭了吗? [nǐ chī fàn le ma] 밥 먹었습니까?
- 了 [le]: 조 동사/형용사 뒤에 쓰여 동작 또는 변화가 이미 완료되었음을 나타낸다.

[단어]
办公室 [bàn'gōngshì]: 명 사무실
咖啡 [kāfēi]: 명 커피
天气 [tiānqì]: 명 날씨
茶 [chá]: 명 차

 실전연습

다음 빈칸에 적당한 단어를 넣어보세요.

| 吗 ~입니까? | 没有 정반의문문(과거) | 还是 아니면 | A不A 정반의문문 |

1. 你去过中国(没有)? → 너는 중국에 가본 적 있니 없니?
   선택의문문(과거) 형식: [문장] + 没有?

2. 你来(不)来? → 너 와 안 와?
   정반의문문 형식: [A] + [不A]?

3. 你爱我(吗)? → 너는 나를 사랑하니?
   어기조사 '吗' 형식: [문장] + 吗?

4. 你想去中国(还是)美国? → 너는 중국에 가고 싶어 아니면 미국에 가고 싶어?
   선택의문문 형식: [A] 还是 [B]?

심화연습

1. 다음 빈칸에 들어갈 알맞은 말을 고르세요.

① 吧   ② 还是   ③ 不   ④ 没有

1) 你很想他(   )? 그가 매우 보고 싶지?

2) 今天咱们是出去吃(   )在家里吃? 우리 오늘 나가서 먹을까 집에서 먹을까?

3) 你出去(   )出去? 너 나갈 거야 안 나갈 거야?

2. 주어진 단어들을 사용하여 문장을 배열해 보세요.

还是 / 披萨 / 炸酱面? / 想吃 / 你   너는 피자를 먹고 싶어 짜장면을 먹고 싶어?

过 [guo]: 조 ~한 적 있다
想 [xiǎng]: 조동 ~하고 싶다
家里 [jiāli]: 명 집안
来 [lái]: 동 오다
中国 [Zhōngguó]: 명 중국
披萨 [pīsà]: 명 피자
爱 [ài]: 동 사랑하다
美国 [Měiguó]: 명 미국
炸酱面 [zhájiàngmiàn]: 명 짜장면

CHAPTER 22 의문대명사 (疑问代词)

 개념 이해

- **의문대명사란?**

  의문의 뜻을 나타내는 단어

- **의문대명사 종류**

언제	어디서	누가	무엇	어떻게	왜
什么时候 shénme shíhou	哪儿 nǎr	谁 shéi	什么 shénme	怎么 zěnme	为什么 wèi shénme

- **의문대명사 위치**

  문장 안에서 묻고 싶은 부분에 넣는다.　예) 너는 <u>누구</u>를 좋아하니?
  　　　　　　　　　　　　　　　　　　　　　　목적어

  　　　　　　　　　　　　　　　　　<u>누가</u> 너를 좋아하니?
  　　　　　　　　　　　　　　　　　주어

 핵심 포인트

- **의문대명사의 용법**

谁
shéi
누구

| 你喜欢谁?
nǐ xǐhuan shéi
너는 누구를 좋아하니? | 谁喜欢你?
shéi xǐhuan nǐ
누가 너를 좋아하니? |

什么时候
shénme shíhou
언제

| 你什么时候学习?
nǐ shénme shíhou xuéxí
너는 언제 공부하니? | 你什么时候吃饭?
nǐ shénme shíhou chīfàn
너는 언제 밥 먹니? |

哪儿
nǎr
어디

哪儿 ≒ **那儿**
nǎr   nàr
어디   거기, 저기

你在哪儿学习?
nǐ zài nǎr xuéxí
너는 어디에서 공부하니?

你去哪儿?
nǐ qù nǎr
너 어디 가니?

怎么
zěnme
어떻게

怎么吃?
zěnme chī
어떻게 먹나요?

怎么用?
zěnme yòng
어떻게 사용하나요?

怎么走?
zěnme zǒu
어떻게 가나요?

怎么说?
zěnme shuō
어떻게 말하나요?

什么
shénme
무엇

你吃什么?
nǐ chī shénme
너 무엇을 먹니?

你说什么?
nǐ shuō shénme
너 무슨 말이니?

你看什么电影?
nǐ kàn shénme diànyǐng
너 무슨 영화보니?

为什么
wèi shénme
왜

你为什么哭?
nǐ wèi shénme kū
너 왜 울어?

▶ 의문문 연습:

他在饭馆儿吃饭。 그는 식당에서 밥을 먹는다.

누가?	→	谁在饭馆儿吃饭?	누가 식당에서 밥을 먹니?
언제?	→	他什么时候在饭馆儿吃饭?	그는 언제 식당에서 밥을 먹니?
무엇을?	→	他在饭馆儿吃什么?	그는 식당에서 무엇을 먹니?
왜?	→	他为什么在饭馆儿吃饭?	그는 왜 식당에서 밥을 먹니?
어디?	→	他在哪儿吃饭?	그는 어디에서 밥을 먹니?

[단어]
饭馆(儿) [fàn'guǎn(r)]: 명 식당   哭 [kū]: 동 울다   学习 [xuéxí]: 동 공부하다

실전연습

다음 보기를 참고해 아래의 의문문을 만들어 보세요.

> **我今天在图书馆见朋友。**
> 나는 오늘 도서관에서 친구를 만나.

1. 너는 오늘 도서관에서 누구를 만나니? ➡ 你今天在图书馆见谁?

2. 너는 언제 도서관에서 친구를 만나니? ➡ 你什么时候在图书馆见朋友?

3. 너는 오늘 어디에서 친구를 만나니? ➡ 你今天在哪儿见朋友?

심화연습

1. 다음 빈칸에 들어갈 알맞은 말을 고르세요

1) 你昨天和(　)一起吃饭了? 너 어제 누구랑 같이 밥 먹었니?
   ① 谁　　② 怎么　　③ 哪儿　　④ 为什么

2) (　)你这次考试不及格? 너 왜 이번 시험에서 불합격했니?
   ① 为什么　　② 什么　　③ 哪儿　　④ 什么时候

3) 你一会儿(　)约会? 너 이따가 어디에서 데이트하니?
   ① 怎么　　② 什么时候　　③ 哪儿　　④ 在哪儿

2. 주어진 단어들을 사용하여 문장을 배열해 보세요.

> 一会儿 / 哪儿 / 玩儿? / 你 / 去　너 이따가 어디로 놀러 갈 거니?

谁 [shéi]: 대명 누구
哪儿 [nǎr]: 대명 어디
不及格 [bùjígé]: 명 불합격
约会 [yuēhuì]: 명 데이트

什么时候 [shénme shíhou]: 언제
昨天 [zuótiān]: 명 어제
一会儿 [yíhuìr]: 부 잠깐

22. 의문대명사 (疑问代词)

CHAPTER 23 반어문(反问句)

 개념 이해

- **반어문이란?**

    표현을 강조하기 위해 실제와 반대되는 뜻을 나타내는 문장
    예 시간이 어디 있니? (시간이 없음을 강조)
    　　그녀가 예쁘다고? (예쁘지 않음을 강조)

- **반어문의 종류**

설마 ~인가?	어디	누가 그래	무엇	어떻게
难道 nándào	哪儿 nǎr	谁说 shéi shuō	什么 shénme	怎么(能) zěnme (néng)

 핵심 포인트

- **반어문의 용법**

哪儿
nǎr
어디

哪儿有时间?
nǎr yǒu shíjiān
시간이 어디 있어?
(시간이 없어.)

哪儿有钱?
nǎr yǒu qián
돈이 어디 있어?
(돈이 없어.)

什么
shénme
무엇, 무슨

贵什么?
guì shénme
뭐가 비싸?
(안 비싸.)

怕什么?
pà shénme
뭐가 무서워?
(안 무서워.)

谁说
shéi shuō
누가 그래

谁说我忙?
shéi shuō wǒ máng
내가 바쁘다고 누가 그래?
(나는 안 바빠.)

谁说我不喜欢冬天?
shéi shuō wǒ bù xǐhuan dōngtiān
내가 겨울 싫어한다고 누가 그래?
(나는 겨울을 싫어하지 않아.)

难道
nándào
설마

难道我喜欢你(吗)?
nándào wǒ xǐhuan nǐ ma
설마 내가 너를 좋아한다고?
(나는 너를 좋아하지 않아.)

难道我感冒了(吗)?
nándào wǒ gǎnmào le ma
설마 내가 감기 걸렸다고?
(나는 감기 걸리지 않았어.)

怎么(能)
zěnme (néng)
어떻게 ~할 수 있나?

怎么能笑?
zěnme néng xiào
어떻게 웃을 수 있어?

你的身体还没好,**怎么能**起床?
nǐ de shēntǐ hái méi hǎo zěnme néng qǐchuáng?
너는 몸이 아직 안 좋은데, 어떻게 일어날 수 있니?

[단어]

感冒 [gǎnmào]: 명 감기
冬天 [dōngtiān]: 명 겨울
笑 [xiào]: 동 웃다

怕 [pà]: 동 무서워하다
忙 [máng]: 형 바쁘다
起床 [qǐchuáng]: 동 일어나다

 **실전연습**   다음 반어문에서 빨간색으로 된 부분에 주의해 해석하시오.

1. 我哪儿有男朋友? → 哪儿 nǎr 어디 → 내가 남자친구가 어디 있어?
(나는 남자친구 없어.)

2. 谢什么? → 什么 shénme 무엇 → 뭐가 고마워요?
(고마워하지 않아도 된다.)

3. 谁说我喜欢你? → 谁说 shéi shuō 누가 그래 → 내가 너를 좋아한다고 누가 그래?
(나는 너를 좋아하지 않아.)

 **심화연습**

1. 다음 빈칸에 들어갈 알맞은 말을 고르세요.

1) (　　)你长得丑? 네가 못생겼다고 누가 그래?
① 怎么　　② 什么　　③ 谁说　　④ 哪儿

2) 你(　　)说谎了吗? 너 설마 거짓말을 했니?
① 哪儿　　② 怎么能　　③ 难道　　④ 为什么

3) 有我在呢, 你怕(　　)? 내가 있는데 뭐가 무서워?
① 什么　　② 哪儿　　③ 怎么　　④ 难道

2. 주어진 단어들을 사용하여 문장을 배열해 보세요.

怎么能 / 这样 / 你 / 对我?　　네가 나한테 어떻게 이럴 수 있어?

男朋友 [nánpéngyou]: 몡 남자친구
不客气 [búkèqi]: 천만에요
喜欢 [xǐhuan]: 동 좋아하다
说谎 [shuōhuǎng]: 거짓말을 하다
谢 [xiè]: 동 감사하다
别客气 [biékèqi]: 괜찮아요
丑 [chǒu]: 혱 못생긴

CHAPTER 24 중국어의 be동사

 개념 이해

- **중국어 be동사란?**

  사람 또는 사물의 '존재나 상태'를 나타내는 동사   예 ~이다, ~에 있다, ~이 있다

- **be동사 종류(세 가지)**

  是 shì ~이다   在 zài ~에 있다   有 yǒu ~이 있다

 핵심 포인트

- **be동사의 용법**

  是 shì ~이다 ↔ 不是 búshì ~이 아니다

我是老师。	我不是老师。	你是学生。	你是学生吗?
wǒ shì lǎoshī	wǒ búshì lǎoshī	nǐ shì xuésheng	nǐ shì xuésheng ma
나는 선생님이다.	나는 선생님이 아니다.	당신은 학생이다.	당신은 학생입니까?

  在 zài ~에 있다 ↔ 不在 búzài ~에 없다

我在办公室。	我不在办公室。
wǒ zài bàn'gōngshì	wǒ búzài bàn'gōngshì
나는 사무실에 있다.	나는 사무실에 없다.

24. 중국어의 be동사

有	↔	没有
yǒu ~있다		méi yǒu ~없다

我有手机。	我没有手机。	你有手机吗?
wǒ yǒu shǒujī 나는 휴대폰이 있다.	wǒ méi yǒu shǒujī 나는 휴대폰이 없다.	nǐ yǒu shǒujī ma 너는 휴대폰이 있니?

● be동사 '是/在/有' 가 [장소]와 쓰일 때,

주어 + 是/在/有 + 목적어

[사람/사물] + (不)在 + [장소]   : ~는 [장소]에 있다 (없다)
[장소]   + (不)是 + [사람/사물] : [장소]는 ~이다 (아니다)
[장소]   + (没)有 + [사람/사물] : [장소]에는 ~이 있다 (없다)

▶ be동사 연습:

① [有] 나는 *귀여운 남자친구가 있다. *구조조사의 용법: [관형어] + (~한, ~의) + [명사]

我有男朋友。 → 我有可爱的男朋友。
wǒ yǒu nánpéngyou   wǒ yǒu kě'ài de nánpéngyou

② [在] 그는 엄마(의) 집에 있다.

他在家。 → 他在妈妈的家。
tā zài jiā   tā zài māma de jiā

③ [是] 나는 한국(의) 가수다.

我是歌手。 → 我是韩国的歌手。
wǒ shì gēshǒu   wǒ shì Hán'guó de gēshǒu

[단어]   **男朋友** [nánpéngyou]: 몡 남자친구   **歌手** [gēshǒu]: 몡 가수

 **실전연습** 다음 중 틀린 부분을 찾고 그 이유를 설명하세요.

1. 不有钱。 → 没有钱。
   돈이 없다.
   '有'의 부정은 '没'로 한다.

2. 我们没是朋友。 → 我们不是朋友。/ 我们没有朋友。
   우리는 친구가 아니다. / 우리는 친구가 없다.
   '是'의 부정은 '不'로 한다.

3. 办公室在我爸爸。 → 我爸爸在办公室。
   우리 아빠는 사무실에 있다.
   be동사 '在'의 용법은 [사람/사물 + [在] + 장소]

 심화연습

1. 다음 빈칸에 들어갈 알맞은 말을 고르세요.

1) 你妈妈( )家吗? 너의 어머니는 집에 계시니?
   ① 在   ② 是   ③ 不是   ④ 有

2) 这个人( )谁? 이 사람은 누구니?
   ① 有   ② 没有   ③ 在   ④ 是

3) 你家里( )几口人? 너의 집에는 식구가 몇이니?
   ① 有   ② 没有   ③ 在   ④ 是

2. 주어진 단어들을 사용하여 문장을 배열해 보세요.

   歌手 / 是 / 她 / 韩国的 / 吗?   그녀는 한국의 가수입니까?

钱 [qián]: 몡 돈
办公室 [bàn'gōngshì]: 몡 사무실
朋友 [péngyou]: 몡 친구
爸爸 [bàba]: 몡 아빠

CHAPTER 25 연동문 (连动句)

 개념 이해

- **연동문이란?**

    한 문장에 두 개 이상의 동사가 연속해서 발생하는 문장   예) 버스를 타고 학교에 간다.
    　　　　　　　　　　　　　　　　　　　　　　　　　　　　　동사1　　동사2

- **연동문의 형식**

    주어 + [동사1] + [목적어] + [동사2] + [목적어]　＊일이 발생한 순서대로 동사 배치

    　간다　　영화관에　　보다　　영화를　　→　　영화관에 가서 영화를 본다.
    　去　　　电影院　　　看　　　电影　　　→　　去电影院看电影。

 핵심 포인트

- **연동문 용법**

    주어 + [동사1] + [목적어] + [동사2] + [목적어]

    我坐公共汽车去学校。
    wǒ zuò gōnggòngqìchē qù xuéxiào
    나는 버스를 타고 학교에 간다.

    妈妈去市场买苹果。
    māma qù shìchǎng mǎi píngguǒ
    엄마는 시장에 가서 사과를 산다.

- **연동문 특징**

    ❶ 첫 번째 동사는 중첩하지 않는다.

    > 去中国学习。(O) → 去去中国学习。(X)
    > 중국에 가서 공부한다.

    ❷ 연동문에서 조사 '了/着/过'의 위치

    | [동사2] + 了
완료 ~했다 | 我去中国学习了。
나는 중국에 가서 공부를 했다. |

    | [동사1] + 着
상태 ~한 채로 있다 | 我坐着看书。
나는 앉아서 책을 본다. |

    | [동사2] + 过
경험 ~한 적 있다 | 我去中国学习过。
나는 중국에 가서 공부한 적이 있다. |

    ❸ [부정사/부사]는 첫 번째 동사 앞에 있다.

    > 我不(没)去中国学习。
    > 나는 중국에 가서 공부하지 않는다(않았다).

    > 我去年去中国学习了。
    > 나는 작년에 중국으로 공부하러 갔다.

핵심 체크

- 동사의 중첩: 동사를 두 번 반복하여, 의미를 가볍게 만들어 주는 것
    예) 좀 ~해보다, 한 번 ~하다

- 조사: '了' ~했었다, '着' ~한 채로 있다, '过' ~한 적 있다

[단어]
公共汽车 [gōnggòngqìchē]: 명 버스
苹果 [píngguǒ]: 명 사과
市场 [shìchǎng]: 명 시장
学校 [xuéxiào]: 명 학교

 **실전연습**   다음 중 틀린 부분을 찾고 그 이유를 설명하세요.

1. 我去了市场买苹果。 → 我去市场买苹果了。
   나는 시장에 가서 사과를 샀다.
   과거형 조사 '了/过'는 두 번째 동사 뒤에 붙는다.

2. 我坐看着书。 → 我坐着看书。
   나는 앉아서 책을 본다.
   지속형 조사 '着'는 첫 번째 동사 뒤에 붙는다.

3. 我去图书馆不学习。 → 我不去图书馆学习。
   나는 도서관에 가서 공부하지 않는다.
   연동문의 부정은 첫 번째 동사 앞에 붙는다.

 심화연습

1. 다음 빈칸에 들어갈 알맞은 말을 고르세요.

1) 我刚才(　)书店买书了。 나는 방금 책을 사러 서점에 갔어.
   ① 去了　　② 去　　③ 去过　　④ 去去

2) 我经常躺着(　)书。 나는 자주 누워서 책을 본다.
   ① 看　　② 看了　　③ 看着　　④ 看过

3) 我去年(　)去中国学习。 나는 작년에 중국으로 공부하러 가지 않았어.
   ① 不　　② 不想　　③ 没　　④ 不是

2. 주어진 단어들을 사용하여 문장을 배열해 보세요.

   做 / 学 / 我 / 过 / 中国菜。   나는 중국 요리 만드는 것을 배운 적이 있다.

书店 [shūdiàn]: 명 서점　　**躺** [tǎng]: 동 눕다　　**去年** [qùnián]: 명 작년

CHAPTER 26 연동문 有

 개념 이해

- **연동문이란?**

  한 문장에 두 개 이상의 동사가 연속해서 발생하는 문장   예) 버스를 <u>타고</u> 학교에 <u>간다</u>.

  동사1   동사2

- **'有'를 이용한 연동문 형식**

  주어 + '有/沒有' + 목적어 + [동사2] + 목적어   * 무조건 '有'부터 배치

  | 있다/없다 | 시간 | 보다 | 영화 | → | 나는 영화를 볼 시간이 있다/없다. |
  | 有/沒有 | 时间 | 看 | 电影 | → | 我有/没有时间看电影。 |

 핵심 포인트

- **'有'를 이용한 연동문의 용법**

  [긍정] **주어 + '有' + 목적어 + [동사2] + 목적어**

  我有钱看电影。
  wǒ yǒu qián kàn diànyǐng
  나는 영화를 볼 돈이 있다.

  我有事找你。
  wǒ yǒu shì zhǎo nǐ
  나는 너한테 볼 일이 있다.

[부정] 주어 + '沒有' + 목적어 + [동사2] + 목적어

我沒有时间看电影。
wǒ méiyǒu shíjiān kàn diànyǐng
나는 영화를 볼 시간이 없다.

我沒有时间学习汉语。
wǒ méiyǒu shíjiān xuéxí hànyǔ
나는 중국어를 공부할 시간이 없다.

 **핵심 체크**

- 중국어의 be동사: 是 [shì] ~이다
  - 在 [zài] ~에 있다
  - 有 [yǒu] ~이 있다

[단어]
时间 [shíjiān]: 몡 시간
电影 [diànyǐng]: 몡 영화
找 [zhǎo]: 동 찾다
汉语 [hànyǔ]: 몡 중국어
看 [kàn]: 동 보다
事 [shì]: 몡 일
学习 [xuéxí]: 동 공부하다

 **실전연습** 다음 중 틀린 부분을 찾고 그 이유를 설명하세요.

1. 我看电影有时间。 ➡ 我有时间看电影。
   나는 영화를 볼 시간이 있다.
   '有'연동문의 구조는
   [주어 + 有 + 목적어 + 동사2 + 목적어]

2. 我有时间不看电影。 ➡ 我没有时间看电影。
   나는 영화를 볼 시간이 없다.
   '有'연동문을 부정할 때, '有'앞에 '没'를 붙인다.

 심화연습

1. 다음 빈칸에 들어갈 알맞은 말을 고르세요

   1) 我(　)时间学习中文。 나는 중국어를 배울 시간이 없다.
      ① 不　　　② 不想有　　　③ 没有　　　④ 不有

   2) 我(　)补课的钱。 나는 학원에 다닐 돈이 없다.
      ① 不有　　② 没有　　　③ 不想有　　　④ 想有

   3) 我(　)做好这件事的信心。 나는 이 일을 잘 해낼 자신이 있다.
      ① 有　　　② 不有　　　③ 有没有　　　④ 是

2. 주어진 단어들을 사용하여 문장을 배열해 보세요.

   有信心 / 你 / 吗? / 成功　　너는 성공할 자신이 있어?

补课 [bǔkè]: 동 보충학습　　**信心** [xìnxīn]: 명 자신
成功 [chénggōng]: 동 성공하다　　**失败** [shībài]: 동 실패하다

CHAPTER 27 겸어문(兼语句)

 개념 이해

- **겸어문이란?**

  문장에서 한 단어가 두 가지 역할을 겸하는 문장

- **명사(名词)의 종류**

  주어 + 술어 + 겸어 + 술어 + 목적어   예) 의사가 나에게 약을 먹으라고 권유했다.

  의사가 / 나에게 / 권유했다.   내가 / 약을 / 먹으라고
  주어   목적어   동사   주어   목적어   동사

 핵심 포인트

- **겸어문의 용법**

  주어 + 동사1 + 겸어 + 동사2 + 목적어

  妈妈让我做作业。
  māma ràng wǒ zuò zuòyè
  엄마가 나에게 숙제를 하라고 시켰다.

  妈妈让我买苹果。
  māma ràng wǒ mǎi píngguǒ
  엄마가 나에게 과일을 사 오라고 시켰다.

  公司派我去中国。
  gōngsī pài wǒ qù Zhōngguó
  회사가 나를 중국으로 파견했다.

  我请你喝咖啡。
  wǒ qǐng nǐ hē kāfēi
  내가 너한테 커피를 대접할게.

- **겸어문에 자주 쓰는 동사**

让	叫	请	要求	派
ràng	jiào	qǐng	yāoqiú	pài
시키다 권하다	명령하다 부르다 시키다	부탁하다 요청하다	요구하다	파견하다

- **겸어문의 특징**

  ❶ 부정사 '不/沒'는 첫 번째 동사 앞에 있다.

  她让我不买水果。(×) → 她不让我买水果。(○)

  ❷ 조사 '了/着/过'는 두 번째 동사 뒤에 있다.

  她让了我买水果。(×) → 她让我买水果了。(○)

  ❸ 첫 번째 동사는 중첩하지 않는다.

  她让让我买水果。(×)

[단어]   水果 [shuǐguǒ]: 명 과일

 **실전연습**   다음 중 틀린 부분을 찾고 그 이유를 설명하세요.

1. 医生让我不喝酒。 → 医生不让我喝酒。
   의사는 나에게 술을 마시지 말라고 했다.
   겸어문을 부정할 때, 첫 번째 동사 앞에 '不/没'를 붙인다.

2. 妈妈让买菜我。 → 妈妈让我买菜。
   엄마는 나에게 채소를 사 오라고 시키셨다.
   겸어문의 구조는 [주어 + 동사 + 겸어 + 동사 + 목적어]

 심화연습

1. 다음 빈칸에 들어갈 알맞은 말을 고르세요.

1) 我(   )他喝茶。 나는 그에게 차를 대접한다.
   ① 使   ② 派   ③ 叫   ④ 请

2) 公司(   )他去韩国。 회사가 그를 한국으로 파견했다.
   ① 使   ② 派   ③ 请   ④ 要求

3) 老板(   )我完成这个月的业绩。 사장님이 나보고 이번 달의 실적을 완성하라고 했다.
   ① 派   ② 请   ③ 要求   ④ 使

2. 주어진 단어들을 사용하여 문장을 배열해 보세요.

   让 / 作业。 / 我 / 老师 / 认真完成   선생님께서는 나에게 숙제를 열심히 완성하라고 하셨다.

医生 [yīshēng]: 명 의사
喝 [hē]: 동 마시다
买 [mǎi]: 동 사다
公司 [gōngsī]: 명 회사
季度 [jìdù]: 명 분기

让 [ràng]: 동 시키다
酒 [jiǔ]: 명 술
菜 [cài]: 명 채소, 요리
要求 [yāoqiú]: 동 요구하다
业绩 [yèjì]: 명 실적

CHAPTER 28 존현문 (存现句)

 개념 이해

- **존현문이란?**

  사람 또는 사물의 '존재, 나타남, 사라짐'을 나타내는 문장
  (불특정 대상)

- **존현문의 형식**

  시간/장소 + 동사 + 불특정 대상   예) 면접장에 많은 사람이 있다.
  → 면접장 + 有 + 많은 사람

  예) 길 건너편에 버스 두 대가 있다.
  → 길 건너편 + 有 + 버스 두 대

- **존현문의 특징**

  ① 대상이 불명확할 때 쓰이는 문장이다.
  ② 불특정 대상은 동사 뒤에 위치한다.

  예) 손님(客人)이 오다 → 客人来了。(아는 손님)
  　　　　　　　　　　　 来客人了。(불특정 손님)

 핵심 포인트

- **존현문의 용법**

  시간/장소 + 동사 + 불특정 대상

  ### 桌子上有一本书。
  zhuōzi shang yǒu yìběn shū
  책상 위에 책 한 권이 있다.

  ### 这儿有一张照片。
  zhèr yǒu yìzhāng zhàopiàn
  이곳에 사진 한 장이 있다.

墙上挂着一张照片。
qiángshang guàzhe yìzhāng zhàopiàn
벽에 사진 한 장이 걸려 있다.

我们班来了新同学。
wǒmen bān láile xīn tóngxué
우리 반에 새 친구 한 명이 왔다.

- 존현문 특징

  ❶ 주어는 '장소/시간', 목적어는 불특정 대상이다.

  책상 위에 책 한 권이 있다. → 桌子上有*一本书。

  *불특정 대상: [수사 + 양사 + 명사 / 어림수]

  ❷ 존현문의 [동사]에 [조사]가 동반할 수 있다. 예 '了' ~했다, '着' ~한 채로 있다.

  早上来了一个人。
  아침에 어떤 사람이 왔었다.

  墙上挂着一张照片。
  벽에 사진 한 장이 걸려 있다.

[단어]
客人 [kèrén]: 몡 손님
照片 [zhàopiàn]: 몡 사진
桌子 [zhuōzi]: 몡 책상
墙 [qiáng]: 몡 벽

 **실전연습**   다음 중 틀린 부분을 찾고 그 이유를 설명하세요.

1. 早上一个人来了。 → 早上来了一个人。
   아침에 어떤 사람이 왔었다.
   존현문의 구조 [시간/장소 + 동사 + 불특정 대상]

2. 一张照片在墙上挂着。 → 墙上挂着一张照片。
   벽에 사진 한 장이 걸려 있다.
   존현문의 구조 [시간/장소 + 동사 (+ 조사) + 불특정 대상]

3. 很多人有商店里。 → 商店里有很多人。
   가게 안에 많은 사람이 있다.
   존현문의 구조 [시간/장소 + 有 + 불특정 대상]

 심화연습

1. 다음 빈칸에 들어갈 알맞은 말을 고르세요

   1) 有一个人(　　)教室里。 한 사람이 교실 안에 앉아 있다.
      ① 坐在　　② 坐着　　③ 坐　　④ 在坐

   2) 教室里(　　)一个人。 교실 안에 누군가 앉아 있다.
      ① 坐在　　② 坐着　　③ 坐　　④ 坐的

   3) 我的照片(　　)桌子上。 나의 사진은 책상 위에 있다.
      ① 有　　② 是　　③ 在　　④ 没有

2. 주어진 단어들을 사용하여 문장을 배열해 보세요.

   我的 / 里 / 很多笔。/ 笔筒 / 有　　내 필통 안에는 펜이 많다.

早上 [zǎoshang]: 아침　　**一个人** [yígèrén]: 한 사람　　**张** [zhāng]: 양 장
商店 [shāngdiàn]: 명 가게　　**教室** [jiàoshì]: 명 교실　　**笔** [bǐ]: 명 펜
笔筒 [bǐtǒng]: 명 필통

CHAPTER 29 비교문 比(比较句)

 개념 이해

- **비교문이란?**

  사람 또는 사물을 비교하는 문장
  比 [bǐ]: ~보다

- **'比'비교문의 형식**

  [대상1] + 比 + [대상2] + 술어 = [대상1]은 [대상2]보다 ~하다.
  ㉠ 송쌤 比 김태희 漂亮。 → 송쌤은 김태희보다 예쁘다.

 핵심 포인트

- **'比'비교문의 용법**

  [대상1] + 比 + [대상2] + 술어

  西瓜比苹果大。
  xīguā bǐ píngguǒ dà
  수박이 사과보다 크다.

  这个比那个贵。
  zhège bǐ nàge guì
  이것은 저것보다 비싸다.

- **'比'비교문의 특징**

  ❶ 비교 정도가 심함을 강조할 때 '还/更/得多'를 사용한다.

  还 / 更 + 술어, 술어 + 得多

  这个比那个贵。
  이것은 저것보다 비싸다.

这个比那个还/更贵。
이것은 저것보다 더/훨씬 비싸다.

这个比那个贵得多。
이것은 저것보다 많이 비싸다.

❷ 비교 정도가 약함을 강조할 때 '一点儿/一些'를 사용한다.

술어 + 一点儿/一些

这个比那个贵一点儿/一些。
이것은 저것보다 조금 비싸다.

❸ 구체적인 수치는 [형용사] 뒤에 있다.

[대상1] + 比 + [대상2] + 형용사 + 수치

我比你大三岁。
나는 너보다 세 살 많다.

❹ '比'비교문의 부정은 '比' 앞에 있다.

[대상1] + 不比 + [대상2] + 술어

我不比你大。
나는 너보다 (나이가) 많지 않다.

[단어]

西瓜 [xīguā]: 몡 수박
贵 [guì]: 혱 비싸다
更 [gèng]: 閂 더욱, 훨씬
一点儿 [yìdiǎnr]: 閂 조금
岁 [suì]: 먱 (연령 단위)살, 세

苹果 [píngguǒ]: 몡 사과
还 [hái]: 閂 더, 더욱
得多 [deduō]: (통,혱뒤) 정도가 심함을 나타낸다.
一些 [yìxiē]: 閂 약간, 조금

29. 비교문 比

실전연습

다음 빈칸에 적당한 단어를 넣어보세요.

更	比	3岁
더, 훨씬	~보다	3살

1. 我比你大(3岁)。 → 나는 너보다 3살 많다.

2. 今天(比)昨天冷一些。 → 오늘은 어제보다 조금 춥다.

3. 我比你(更)高。 → 나는 너보다 키가 더 크다.

심화연습

1. 다음 빈칸에 들어갈 알맞은 말을 고르세요.

1) 这条裙子比那条(　　)漂亮。 이 치마는 저 치마보다 더 예쁘다.
   ① 更　　② 更多　　③ 更一点儿　　④ 不

2) 学姐比我(　　)。 선배는 나보다 다섯 살이 많다.
   ① 大五岁　　② 五岁大　　③ 五岁多　　④ 多五岁

3) 这个手机比那个手机好(　　)。 이 핸드폰은 저 핸드폰보다 좀 낫다.
   ① 一点儿　　② 有点儿　　③ 多　　④ 更

2. 주어진 단어들을 사용하여 문장을 배열해 보세요.

   今天 / 比 / 热。 / 昨天　　어제는 오늘보다 덥다.

大 [dà]: 형 (나이가) 많다
高 [gāo]: 형 (키가) 크다
手机 [shǒujī]: 명 핸드폰
冷 [lěng]: 형 춥다
学姐 [xuéjiě]: 명 (여자) 선배
热 [rè]: 형 덥다

CHAPTER 30 비교문 有

 개념 이해

- 비교문이란?

  사람 또는 사물을 비교하는 문장
  比 [bǐ]: 전 ~보다
  有 [yǒu]: 동 ~이 있다, ~을 가지고 있다
  　　　　　전 ~만큼, ~만하다.

- '有'비교문의 형식

  [대상1] + 有 + [대상2] + 술어 = [대상1]는 [대상2]만큼 ~하다.

  예 송쌤 有 김태희 漂亮。→ 송쌤은 김태희만큼 예쁘다.

 핵심 포인트

- '有'비교문의 용법

  [대상1] + 有 + [대상2] + 술어

  韩国有中国冷。
  Hán'guó yǒu Zhōngguó lěng
  한국은 중국만큼 춥다.

  송쌤 有 김태희 漂亮。
  　　　yǒu　　　　piàoliang
  송쌤은 김태희만큼 예쁘다.

- **'有'비교문의 특징**

    ❶ 강조는 '这么/那么' + 술어

    > 송쌤有김태희这么漂亮。
    > 송쌤은 김태희만큼 이렇게 예쁘다.

    > 송쌤有김태희那么漂亮。
    > 송쌤은 김태희만큼 그렇게 예쁘다.

    ❷ 부정은 '沒有': [대상1] + 沒有 + [대상2] + 형용사

    > 韩国沒有中国冷。
    > 한국은 중국만큼 춥지 않다.

    ❸ 비교문의 부정문

    > 他不比我大。
    > 그는 나보다 나이가 많지 않다. (동갑, 어림)

    > 他没有我大。
    > 그는 나만큼 나이가 많지 않다. (어림)

[단어] 还 [hái]: 부 더, 더욱 　更 [gèng]: 부 더, 훨씬
这么 [zhème]: 부 이렇게 　那么 [nàme]: 부 그렇게
大 [dà]: 형 크다, (나이가)많다

 **실전연습**   다음 문장의 '有'의 문법적 특징을 설명하고 문장을 해석해 보세요.

1. 桌子上有一本书。 → 책상 위에 책 한 권이 있다.
   (동사) '有' ~이 있다. (존현문)

2. 我没有你大。 → 나는 너만큼 나이가 많지 않다.
   (전치사) '有' ~만큼. (비교문)

3. 我没有钱吃饭。 → 나는 밥 먹을 돈이 없다.
   (동사) '有' ~이 있다. (연동문)

4. 我有男朋友。 → 나는 남자친구가 있다.
   (동사) '有' ~이 있다. (기본문장)

 심화연습

1. 다음 빈칸에 들어갈 알맞은 말을 고르세요

   1) 这个西瓜(　　)那个西瓜大。이 수박은 저 수박만큼 크지 않다.
      ① 有没　　② 没有　　③ 没比　　④ 比没

   2) 你不仅(　　)他更帅还(　　)他更高。너는 그보다 더 멋질 뿐만 아니라 키도 더 크다.
      ① 比　　② 有　　③ 不　　④ 没比

   3) 这个教室没有那个教室(　　)大。이 교실은 저 교실만큼 그렇게 크지가 않다.
      ① 这么　　② 那么　　③ 怎么　　④ 什么

2. 주어진 단어들을 사용하여 문장을 배열해 보세요.

   这么 / 他 / 没有 / 高。 / 你　　그는 너만큼 키가 이렇게 크지 않다.

桌子上 [zhuōzi shang]: 책상 위　　**一本书** [yìběn shū]: 책 한 권
钱 [qián]: 명 돈　　**吃饭** [chīfàn]: 동 밥 먹다
男朋友 [nánpéngyou]: 명 남자친구

CHAPTER 31 비교문 跟

 개념 이해

- **비교문이란?**

  사람 또는 사물을 비교하는 문장
  ▶ 比 [bǐ]: (전치사) ~보다
  ▶ 有 [yǒu]: (전치사) ~만큼, ~만하다
  ▶ 跟 [gēn] ~ 一样 [yíyàng]: ~와 같다

- **'跟~一样' 비교문의 형식**

  [대상1] 跟 [대상2] 一样 = [대상1]과 [대상2]이 같다.

  예 你的鞋跟我的鞋一样。
  너의 신발과 나의 신발이 같다.

 핵심 포인트

- **'跟~一样' 비교문의 용법**

  [대상1] + 跟 + [대상2] + 一样

  她的钱包跟我的钱包一样。
  tā de qiánbāo gēn wǒ de qiánbāo yíyàng
  그녀의 지갑과 내 지갑은 똑같다.

  爸爸的性格跟女儿的性格一样。
  bàba de xìnggé gēn nǚ'ér de xìnggé yíyàng
  아빠의 성격과 딸의 성격은 똑같다.

  我的想法跟你的想法一样。
  wǒ de xiǎngfǎ gēn nǐ de xiǎngfǎ yíyàng
  내 생각은 당신의 생각과 같다.

[대상1] + 跟 + [대상2] + [정도보어] + 一样 + 형용사

송쌤 跟 김태희 长得一样漂亮。
　　　　gēn　　　 zhǎngdé yíyàng piàoliang
송쌤과 김태희는 똑같이 예쁘게 생겼다.

- **'跟~一样'비교문의 특징**

  ❶ 동의어

  跟 ~ 一样 = 和 ~ 一样 = 与 ~ 一样
  gēn　　　　 hé　　　　　 yǔ

  ❷ 구체적인 수식어는 '一样' 뒤에 있다.

  我的钱包跟你的钱包一样贵。
  나의 지갑과 너의 지갑은 똑같이 비싸다.

  ❸ 정도보어와 함께 쓴다.

  송쌤 跟 김태희 长得一样漂亮。
  송쌤과 김태희는 똑같이 예쁘게 생겼다.

  ❹ 부정은 '一样' 앞에 있다.

  [대상1] 跟 [대상2] 不一样。= [대상1]과 [대상2]는 같지 않다.

[단어]　钱包 [qiánbāo]: 명 지갑　　　性格 [xìnggé]: 명 성격
　　　　女儿 [nǚ'ér]: 명 딸　　　　　想法 [xiǎngfǎ]: 명 생각
　　　　和 [hé]: 접 ~와　　　　　　 与 [yǔ]: 접 ~와
　　　　得 [de]: 정도보어 동사 뒤에 쓰여 동작의 상태나 정도를 보충 설명하는 단어 [동사] + 得 + [형용사/구]

 **실전연습**   다음 문장을 중국어로 바꿔보세요.

1. 나는 너보다 예뻐. → 我比你漂亮。/ 我不比你漂亮。
   나는 너보다 예쁘지 않다.
   '比'비교문 [A 比/不比 B + 형용사]: A는 B보다 ~하다.

2. 나는 너만큼 예뻐. → 我有你漂亮。/ 我沒有你漂亮。
   나는 너만큼 예쁘지 않다.
   '有'비교문 [A 有/没有 B + 형용사]: A는 B만큼 ~하다.

3. 나는 너와 똑같이 예뻐. → 我跟你一样漂亮。
   '跟~一样'비교문 [A 跟 B 一样 + 형용사]: A와 B는 똑같이 ~하다.

 심화연습

1. 다음 빈칸에 들어갈 알맞은 말을 고르세요.

1) 这个樱桃跟这个草莓(   )。 이 앵두는 이 딸기와 똑같이 크다.
   ① 大   ② 一样大   ③ 更大   ④ 小

2) 你比秀智(   )。 너는 수지보다 키가 더 크다.
   ① 不高   ② 没高   ③ 更高   ④ 多高

3) 这个钱包(   )那个钱包好看。 이 지갑은 저 지갑만큼 예쁘지 않다.
   ① 一样   ② 不   ③ 没有   ④ 跟

2. 주어진 단어들을 사용하여 문장을 배열해 보세요.

   妈妈 / 性格 / 一样好。/ 和爸爸的   엄마와 아빠의 성격은 똑같이 좋다.

樱桃 [yīngtáo]: 명 앵두
钱包 [qiánbāo]: 명 지갑
性格 [xìnggé]: 명 성격
草莓 [cǎoméi]: 명 딸기
好看 [hǎokàn]: 보기 좋다

CHAPTER 32 결과보어 (结果补语)

 개념 이해

- **보어란?**

  동사 뒤에 붙어 동사를 보충 설명하는 단어/구

- **결과보어란?**

  동사의 결과를 보충 설명 하는 단어 예) 다, 깨끗이, 배부르게, 잘못 + 먹었다.

  (결과보어) (동사)

- **결과보어의 위치**

  주어 + 동사 + [결과보어] + 목적어   예) 看 + 完 → 다 보다

  보다   끝내다

 핵심 포인트

- **결과보어의 종류 및 용법**

完	到	见	光	懂
wán	dào	jiàn	guāng	dǒng
끝내다	도달하다	(동사)를 느낀	몽땅 없애다	알다
완성하다	이르다	감각 표시	하나도 남지 않다	이해하다
동사 + [결과보어]				
看完了	找到	听见	花光了	听懂了
다 보았다	찾아내다	들리다	몽땅 썼다	알아 들었다

好	干净	清楚	错
hǎo	gānjìng	qīngchu	cuò
잘하다 다하다	깨끗하다	명확하다 분명하다	틀리다 맞지 않다
동사 + [결과보어]			
说好了	洗干净	说清楚	写错了
(다) 잘 말했다	깨끗하게 씻다	명확하게 말하다	잘못 썼다

▶ 결과보어 연습:

그는 먹었다. **他吃了。**

그는 다 먹었다.	→	他吃完了。
그는 잘못 먹었다.	→	他吃错了。
그는 깡그리 먹었다.	→	他吃光了。
그는 드디어 먹었다.	→	他吃到了。

● **결과보어의 특징**

❶ 목적어는 [동사 + 결과보어] 뒤에 있다.

我吃完饭了。
나는 밥을 다 먹었다.

❷ 부정부사 '没'는 동사 앞에 있다.

我没吃完饭。
나는 밥을 다 안 먹었다.

❸ 의문문

你吃完饭了吗?
너 밥 다 먹었니?

你吃完饭了没有?
너 밥 다 먹었니 안 먹었니? (정반의문문)

실전연습

다음 빈칸에 적당한 단어를 넣어보세요.

光	懂	干净
몽땅 없애다	이해하다	깨끗하다

1. 他打扫(干净)了。 → 그는 깨끗하게 청소했다.
2. 工资我都花(光)了。 → 나는 월급을 모두 다 써버렸다.
3. 我听(懂)了老板的话。 → 나는 사장님의 말을 알아들었다.

심화연습

1. 다음 빈칸에 들어갈 알맞은 말을 고르세요.

    1) 他把饭都吃( )了。 그는 밥을 다 먹어버렸다.
       ① 光 ② 好 ③ 错 ④ 懂

    2) 我把教室打扫( )了。 나는 교실을 깨끗이 청소했다.
       ① 干净 ② 光 ③ 清楚 ④ 脏

    3) 你做( )作业了吗? 너 숙제 다 했어?
       ① 懂 ② 没 ③ 见 ④ 完

2. 주어진 단어들을 사용하여 문장을 배열해 보세요.

    听懂 / 他的话 / 你 / 了吗?   너 그의 말을 알아들었어?

打扫 [dǎsǎo]: 동 청소하다 **花** [huā]: 동 쓰다 **工资** [gōngzī]: 명 월급
都 [dōu]: 부 모두 **听** [tīng]: 동 듣다 **老板** [lǎobǎn]: 명 사장
话 [huà]: 명 말 **错** [cuò]: 형 틀리다 **清楚** [qīngchu]: 형 명확하다
脏 [zāng]: 형 더럽다

CHAPTER 33 방향보어1(趋向补语)

 개념 이해

- **방향보어란?**

    동사의 방향을 보충 설명 하는 단어   예) 걸어 가다, 전해 내려오다

- **방향보어의 위치**

    주어 + 동사 + [방향보어] + 목적어   예) 买 + 来 → 사 오다
    　　　　　　　　　　　　　　　　　　　사다　오다

    　　　　　　　　　　　　　　　　　　买 + 去 → 사 가다
    　　　　　　　　　　　　　　　　　　사다　가다

 핵심 포인트

- **방향보어의 종류 및 용법**

    ❶ 단순

    | 来 lái 오다 | 去 qù 가다 |

    ❷ 복합

    | 上 shàng 오르다 | 上来 올라오다 | 上去 올라가다 |
    | 下 xià 내리다 | 下来 내려오다 | 下去 내려가다 |
    | 进 jìn 들다 | 进来 들어오다 | 进去 들어가다 |
    | 出 chū 나가다 | 出来 나오다 | 出去 나가다 |

▶ 방향보어 연습:

跑 [pǎo] 뛰다

뛰어오다 → 跑来
뛰어 올라오다 → 跑上来

• **방향보어의 특징**

❶ 목적어의 위치: [동사 + 결과보어(来/去) + 목적어]
　　　　　　　　[동사 + 목적어 + 결과보어(来/去)]

我买来衣服。
나는 옷을 사 왔다.

我买衣服来。
나는 옷을 사 왔다.

❷ [장소목적어]는 '来/去' 앞에 있다.

我回家来。
나는 집으로 돌아오다.

❸ [부정부사] '没'는 동사 앞에 있다.

我没回家来。
나는 집으로 안 돌아왔다.

[단어] 回家 [huíjiā]: 통 집에 돌아가다

 **실전연습**   다음 중 틀린 부분을 찾고 그 이유를 설명하세요.

1. 我回去家了。 → 我回家去了。
   나는 집으로 돌아갔다.
   목적어가 장소이면 방향 보어 '来/去' 앞에 위치한다.

2. 他办公室进去了。 → 他进办公室去了。
   그는 사무실에 걸어 들어갔다.
   목적어가 장소이면 방향 보어 '来/去' 앞에 위치한다.

3. 他走房间出。 → 他走出房间。
   그는 방 안에서 나온다.
   방향보어의 위치는 [주어 + 동사 + 방향보어 + 목적어]

 심화연습

1. 다음 빈칸에 들어갈 알맞은 말을 고르세요.

1) 她哭着跑(   )。 그녀는 울면서 뛰쳐나갔다.
   ① 回去 ② 出去 ③ 出来 ④ 进来

2) 他正朝着我走(   )。 그는 나를 향해 걸어오고 있다.
   ① 来 ② 去 ③ 回去 ④ 进去

3) 请坐(   )一点。 자리를 (옆으로) 좀 옮겨 주세요.
   ① 回来 ② 上去 ③ 起来 ④ 过去

2. 주어진 단어들을 사용하여 문장을 배열해 보세요.

   北京 / 小明 / 去了。 / 回   小明은 북경으로 돌아갔다.

回 [huí]: 동 돌아가다 家 [jiā]: 명 집 办公室 [bàn'gōngshì]: 명 사무실
进去 [jìnqù]: 들어가다 床 [chuáng]: 명 침대 朝 [cháo]: 전 ~향해

CHAPTER 34 방향보어 2

 개념 이해

- **방향보어란?**

    동사의 방향을 보충 설명 하는 단어 예) 걷다 + 오다 = 걸어오다
    　　　　　　　　　　　　　　　　　　동사　방향보어

- **파생적 용법**

    단어가 본래의 의미를 벗어나 추상 또는 확대된 의미를 갖게 한다.　예) (기본) 起来 [qǐlái]: 일어나다
    　　　　　　　　　　　　　　　　　　　　　　　　　　　　　　　　　　(파생) 哭起来 울기 시작하다
    　　　　　　　　　　　　　　　　　　　　　　　　　　　　　　　　　　　　　笑起来 웃기 시작하다

 핵심 포인트

- **방향보어의 종류**

본래	파생	예문
起来 일어나다	시작	笑起来 웃기 시작하다 웃다 吵起来 싸우기 시작하다 싸우다
	회상	想起来 생각이 떠오르다 생각하다
	예측, 평가	看起来 보아하니 보다 听起来 듣자하니, 들어보니 듣다
	분산 → 집중	收拾起来 수습하다 모으다

过去 건너가다	악화	昏过去 의식을 잃다 기절하다	
过来 건너오다	회복	醒过来 (의식이) 깨어나다 깨다	
下来 내려오다	지속 (과거 → 현재)	传下来 전해 내려오다 전하다	
		坚持下来 지켜오다 지키다	
	분리	脱下来 벗어내다 벗다	
	고정	记下来 기록해 두다 기록하다	
		写下来 적어두다 쓰다, 적다	
下去 내려가다	지속 (현재 → 미래)	坚持下去 지켜져 가다 지키다	
出来 나오다	인식, 식별	看出来 (보고) 알아내다 보다	
		听出来 (듣고) 알아내다 듣다	
	출현	写出来 글을 써내다 쓰다	

[단어]

坚持 [jiānchí]: 통 굳건히 지키다
收拾 [shōushi]: 통 치우다
醒 [xǐng]: 통 깨다
记 [jì]: 통 기록하다
吵 [chǎo]: 형 시끄럽다
昏 [hūn]: 형 기절하다
脱 [tuō]: 통 벗다

실전연습 다음 빈칸에 적당한 단어를 넣어보세요.

起来	下去	出来
일어나다	내려가다	나오다
(시작, 회상, 예측, 집중)	(지속)	(인식, 출현)

1. 我没听(出来)你是外国人。 → 나는 네가 외국인인 것을 (듣고) 알아내지 못했다.

2. 我会坚持(下去)。 → 나는 견지해 나갈 것이다.

3. 大家都笑(起来)了。 → 모두 다 웃기 시작했다.

심화연습

1. 다음 빈칸에 들어갈 알맞은 말을 고르세요.

    1) 你说的这个主意(　　)真不错! 네가 말한 이 아이디어가 (듣기에) 정말 괜찮은 것 같아.
       ① 看起来　② 听起来　③ 吵起来　④ 看出来

    2) 你没(　　)他在嘲笑你吗? 그가 널 조롱하고 있는 거 듣고도 모르겠니?
       ① 听出来　② 记下来　③ 写起来　④ 想起来

    3) 衣服(　　)后请放入洗衣机。옷은 벗어놓고 세탁기에 넣어주세요.
       ① 醒过来　② 脱下来　③ 传下来　④ 收拾起来

2. 주어진 단어들을 사용하여 문장을 배열해 보세요.

    记下来 / 讲的 / 老师 / 了吗? / 你　너 선생님께서 강의하신 것을 필기해 놓았니?

听 [tīng]: 동 듣다
坚持 [jiānchí]: 동 견지하다
主意 [zhǔyì]: 명 아이디어
讲 [jiǎng]: 동 강의하다
外国人 [wàiguó'rén]: 명 외국인
大家 [dàjiā]: 대 모두들
嘲笑 [cháoxiào]: 동 비웃다
会 [huì]: 조동 ~할 것이다
笑 [xiào]: 동 웃다
洗衣机 [xǐyījī]: 명 세탁기

CHAPTER 35 가능보어 (可能补语)

 개념 이해

- **가능보어란?**

    동사의 실현 가능 여부를 보충 설명 하는 단어 예) ~가 가능하다, ~가 불가능하다

- **가능보어의 위치**

    동사 + 得/不 + [결과/방향보어]   예) 吃完 다 먹다

    (가능)   吃得完 다 먹을 수 있다.
    (불가능) 吃不完 다 먹을 수 없다.

    동사 + 得/不 + *了 (*了 [liǎo])   예) 吃 먹다

    (가능)   吃得了 먹을 수 있다.
    (불가능) 吃不了 먹을 수 없다.

 핵심 포인트

- **가능보어의 용법**

    동사 + 得/不 + [결과보어/방향보어/了]

가능	불가능	가능	불가능
听得懂	听不懂	看得完	看不完
tīng de dǒng	tīng bu dǒng	kàn de wán	kàn bu wán
알아들을 수 있다.	알아들을 수 없다.	다 볼 수 있다.	다 볼 수 없다.

- **가능보어의 특징**

    ❶ 부정은 결과보어 앞에 '不'를 붙인다.

听不懂	看不完	看不懂	没看懂
알아 들을 수 없다.	다 볼 수 없다.	이해할 수 없다. (가능성이 없다.)	이해 못했다. (결과)

❷ 의문문

① [동사] + 得/不 + (결과보어/방향보어/了) + 吗?

听得懂吗?
알아 들었니?

听不懂吗?
못 알아 들었니?

② [동사] + 得 + (결과보어/방향보어/了) + (동사) + 不 + (결과보어/방향보어/了)?

看得懂看不懂?
이해할 수 있어 없어? (정반의문문)

❸ [결과보어/방향보어]가 없을 때 '了' [liǎo]를 사용한다.

去得了。
갈 수 있다.

去不了。
갈 수 없다.

❹ [동사] + 得/不 + (下/起/动)

下 수용공간 | **吃得下** 먹을 수 있다 | **坐得下** 앉을 수 있다

起 경제적 | **买得起** 살 수 있다 | **买不起** 살 수 없다

动 이동 | **走得动** 걸어갈 수 있다 | **拿得动** 들 수 있다

핵심 체크

- **了 [le]**: ㊕ 술어 뒤에 쓰여 동작 또는 변화의 완료를 나타낸다.
- **了 [liǎo]**: 결과보어 [동사 + 得/不 + 了] 가능 또는 불가능을 나타낸다.

 **실전연습**   다음 빈칸에 적당한 단어를 넣어보세요.

起	下	得
(경제적)	(수용공간)	(가능보어)

1. 我看(得)懂中文菜单。 → 나는 중국어 메뉴판을 보고 이해할 수 있다.
   가능보어 용법: [동사] + 得/不 + (결과보어/방향보어/了)

2. 这件衣服我买不(起)。 → 나는 이 옷을 살 수 없다.

3. 这个会议室坐得(下)15个人。 → 이 회의실에는 15명이 앉을 수 있다.

 **심화연습**

1. 다음 빈칸에 들어갈 알맞은 말을 고르세요.

   1) 你买(　)起这辆车吗? 너는 이 자동차를 살 수 있어?
      ① 得　　　② 的　　　③ 动　　　④ 地

   2) 书包这么重, 你能拿得(　)吗? 책가방이 이렇게 무거운데 들 수 있겠어?
      ① 起　　　② 动　　　③ 下　　　④ 来

   3) 你还吃得(　)吗? 너는 아직 더 먹을 수 있니?
      ① 下　　　② 饱　　　③ 起　　　④ 完

2. 주어진 단어들을 사용하여 문장을 배열해 보세요.

   得 / 中文小说 / 看 / 吗? / 你 / 懂　　너는 중국어 소설을 알아볼 수 있니?

看 [kàn]: 동 보다
菜单 [càidān]: 명 메뉴판
会议室 [huìyìshì]: 명 회의실
重 [zhòng]: 형 무겁다
懂 [dǒng]: 동 이해하다
这件衣服 [zhèjiàn yīfu]: 이 옷
坐 [zuò]: 동 앉다
中文 [zhōngwén]: 명 중국어
买 [mǎi]: 동 사다
书包 [shūbāo]: 명 책가방

CHAPTER 36 동량보어 (动量补语)

 개념 이해

- **동량보어란?**

  동사(동작)의 '횟수'를 나타내는 단어/구   예 한 번 먹었다, 세 번 봤다

- **동량사란?**

  동사의 '횟수'를 세는 단위   예 ~번, ~차례

- **명량사란?**

  명사의 '개수, 양'을 세는 단위   예 ~개, ~명, ~권

- **동량보어의 위치**

  주어 + 동사 + [수사 + 동량사] + 목적어   예 看一次 한 번 보다

 핵심 포인트

- **동량사의 종류**

次	遍	趟
cì	biàn	tàng
번, 회, 차례	번, 회, 차례 (전체 과정)	번, 회, 차례 (왕래)

- **동량보어의 용법**

  주어 + 동사 + [수사 + 동량사] + 목적어

  我吃过一次中国菜。
  wǒ chī guo yícì zhōngguó cài
  나는 중국 요리를 한 번 먹어봤다.

他看了三遍那本书。
tā kàn le sān biàn nà běn shū
그는 그 책을 세 번 봤다.

- **동량보어의 특징**

  ❶ 목적어의 위치

  ① 동사 + [수사 + 동량사] + 목적어

  ### 他看了三遍书。
  그는 책을 3번 봤다.

  ② 동사 + 대명사목적어 + [수사 + 동량사]

  ### 我见了她一次。
  나는 그녀를 한 번 만났다.

  ③ 동사 + 지명목적어 + [수사 + 동량사]
  　동사 + [수사 + 동량사] + 지명목적어

  ### 我去过中国一次。= 我去过一次中国。
  나는 중국에 한 번 가봤다.

  ❷ 부정문

  주어 + 동량보어 + 也/都 + 没 + 동사

  [일반]
  ### 我去过一次中国。
  나는 중국에 한 번 가봤다.

  [부정]
  ### 我一次也没去过中国。
  나는 중국에 한 번도 가본 적 없다.

[단어]

吃了 [chīle]: 먹었다　　吃过 [chīguo]: 먹어봤다
走 [zǒu]: 동 가다, 걷다　　过 [guo]: 조 ~한 적 있다
也 [yě]: 부 ~도, ~조차도　　都 [dōu]: 부 모두, 다

실전연습

다음 빈칸에 적당한 단어를 넣어보세요.

次	遍
회, 번, 차례	번 (전체 과정)

1. 我看过三(遍)那部电影。 → 나는 그 영화를 세 번 봤다.

2. 我坐过一(次)飞机。 → 나는 비행기를 한 번 타봤다.

심화연습

1. 다음 빈칸에 들어갈 알맞은 말을 고르세요.

1) 你复习了几(　　)? 너는 몇 번 복습 했니?
   ① 遍　　② 躺　　③ 个　　④ 样

2) 我去了三(　　)老师的办公室。 나는 선생님 사무실에 세 번 다녀왔다.
   ① 遍　　② 个　　③ 趟　　④ 样

3) 我跟他谈过一(　　)。 나는 그와 한 번 얘기해 보았다.
   ① 次　　② 页　　③ 遍　　④ 趟

2. 주어진 단어들을 사용하여 문장을 배열해 보세요.

三顿。 / 一天 / 吃 / 我　　나는 하루에 세 끼를 먹는다.

部 [bù]: 양 편, 부
坐 [zuò]: 동 타다
复习 [fùxí]: 명 복습
三顿 [sāndùn]: 명 세끼

电影 [diànyǐng]: 명 영화
飞机 [fēijī]: 명 비행기
上午 [shàngwǔ]: 명 오전

CHAPTER 37 시량보어 (时量补语)

 개념 이해

- **시량보어란?**
  동사가 진행되는 '시간의 양'을 보충 설명하는 단어/구 예) 이틀 동안 ~했다, 5시간 ~했다

- **시량보어의 위치**
  주어 + 동사(了) + 시량보어 예) 等了 + 一分钟   1분 기다렸다.
  　　　　　　　　　　　　　　等了 + 一天   하루 기다렸다.

 핵심 포인트

- **시량보어의 종류**

분	시간	날, 일	월	년
分钟 fēnzhōng	小时 xiǎoshí	天 tiān	月 yuè	年 nián

- **시량보어의 용법**

동사 + 시량보어		
等了一个小时。 děng le yí gè xiǎoshí 1시간 기다렸다.	等了一天。 děng le yì tiān 하루 종일 기다렸다.	等了一个月。 děng le yí gè yuè 한 달을 기다렸다.
学了两个小时。 xué le liǎng gè xiǎoshí 2시간 동안 배웠다.	学了两年。 xué le liǎng nián 2년 동안 배웠다.	学了五个月。 xué le wǔ gè yuè 5개월 동안 배웠다.

- **시량보어의 특징**

  ❶ 목적어의 위치

  ① 동사 + [시량보어] + 목적어

  我等了一个小时公共汽车。
  나는 버스를 한 시간 기다렸다.

  ② 동사 + 목적어 +동사+ [시량보어]

  我等公共汽车等了一个小时。
  나는 버스를 한 시간 기다렸다.

  ③ 동사 + 대명사목적어 + [시량보어]

  我等了你一个小时了。
  나는 너를 한 시간째 기다리고 있다.

  ❷ 지속할 수 없는 동사(비지속 동사)는 '(동사)한 지 ~되다'로 해석한다.

  毕业5年了。
  졸업 5년 했다. (×) → 졸업한 지 5년 됐다. (O)

  结婚2年了。
  결혼 2년 동안 했다. (×) → 결혼한 지 2년 됐다. (O)

[단어] 等[děng]: 동 기다리다   公共汽车 [gōnggòng qìchē]: 명 버스
        毕业 [bìyè]: 동 졸업하다   结婚 [jiéhūn]: 동 결혼하다

 **실전연습**　다음 중 틀린 부분을 찾고 그 이유를 설명하세요.

1. 我等了一个小时他了。　→　我等了他一个小时了。
   나는 그를 한 시간 째 기다리고 있다.
   시량보어의 대명사목적어 위치는
   [주어 + 동사 + (대명사목적어)] + 시량보에이다.

2. 我学了三十分汉语。　→　我学了三十分钟汉语。
   나는 중국어를 30분 동안 배웠다.
   일반명사에 방위명사를 붙이면 장소가 된다.

   　　　　　　　　　　　我学了三十分钟汉语了。
   나는 중국어를 30분 째 배우고 있다.
   시량보어의 용법은
   [동사 + [수사 + 양사 +시량보에] + 목적에이다.

 심화연습

1. 다음 빈칸에 들어갈 알맞은 말을 고르세요.

   1) 我玩儿了(　　)。 나는 한 시간을 놀았다.
      ① 一　　　② 一时　　　③ 小时　　　④ 一个小时

   2) 我预习了(　　)课文。 나는 30분 동안 교과서 본문을 예습했다.
      ① 三十分　　② 三十分钟　　③ 三十个分钟　　④ 三十分钟们

   3) 我等了(　　)。 나는 너를 세 시간 기다렸다.
      ① 三个小时你　② 你三个小时　③ 三个你小时　④ 你小时

2. 주어진 단어들을 사용하여 문장을 배열해 보세요.

   两年 / 汉语 / 学了 / 我 / 了。　나는 중국어를 배운 지 2년이 됐다.

等 [děng]: 동 기다리다　　**小时** [xiǎoshí]: 양 시간　　**学** [xué]: 동 배우다
汉语 [hànyǔ]: 명 중국어　　**预习** [yùxí]: 동 예습　　**课文** [kèwén]: 명 (교과서중의)본문

CHAPTER 38 보어 총정리

 **개념 이해**

- **보어(补语)란?**

    동사 뒤에서 동사를 보충 설명하는 단어/구

- **보어의 종류**

    ▶ **정도보어** 예) 중국어를 유창하게 한다, 귀엽게 말한다
    ▶ **결과보어** 예) 다 먹었다, 깨끗이 청소했다
    ▶ **방향보어** 예) 사 오다, 사 가다, 걸어가다, 걸어오다
    ▶ **가능보어** 예) 다 먹을 수 있다, 이해할 수 없다
    ▶ **동량보어** 예) 한 번 만났다, 두 번 갔다
    ▶ **시량보어** 예) 한 시간 동안 잤다, 일 년 동안 배웠다

 핵심 포인트

- **보어의 종류 및 용법**

정도보어	동작의 상태나 정도 또는 가능 여부를 보충 설명하는 단어 예) (说)汉语说**得很流利**。 她长**得很可爱**。 　　중국어를 유창하게 한다.　　그녀는 귀엽게 생겼다.
결과보어	동사의 결과를 보충 설명하는 단어 예) 吃**光**了。　　　打扫**干净**了。 　　다 먹었다.　　　깨끗이 청소했다.
방향보어	동사의 방향을 보충 설명하는 단어 예) 买**来**　　买**走**　　走**去**　　走**来** 　　사 오다　　사 가다　　걸어가다　　걸어오다
가능보어	동사의 실현 가능여부를 보충 설명하는 단어 예) 吃**得**完　　　看**不**懂 　　다 먹을 수 있다　　(보고) 이해할 수 없다

동량보어	동사(동작)의 횟수를 나타내는 단어/구 예) 见过一次。　　　去过两次。 　　한 번 만났다.　　　두 번 갔다.
시량보어	동작이 진행되는 시간의 양을 보충 설명하는 단어/구 예) 睡了一个小时。　　学了一年。 　　한 시간 동안 잤다.　　일 년 동안 배웠다.

▶ 보어 작문 연습:

① 她吃中国菜。 그녀는 중국 음식을 먹는다.

(결과보어) → 她吃光了中国菜。　　　　　그녀는 중국 음식을 다 먹어 치웠다.
(가능보어) → 她吃得光中国菜。　　　　　그녀는 중국 음식을 다 먹어 치울 수 있다.
(정도보어) → 她吃中国菜吃得很饱。　　　그녀는 중국 음식을 배부르게 먹었다.
(동량보어) → 她吃过一次中国菜。　　　　그녀는 중국 음식을 한 번 먹어봤다.
(시량보어) → 她吃中国菜吃了一个小时。　그녀는 중국 음식을 한 시간 동안 먹었다.
　　　　　　 她吃了一个小时中国菜。

② 我学汉语。 나는 중국어를 공부한다.

(결과보어) → 我学好了汉语。　　　　나는 중국어 공부를 잘했다.
(가능보어) → 我学得好汉语。　　　　나는 중국어 공부를 잘할 수 있다.
(정도보어) → 我学汉语学得很好。　　나는 중국어 공부를 잘한다.
(동량보어) → 我学了一次汉语。　　　나는 중국어 공부를 한 번 했다.
(시량보어) → 我学了5年汉语。　　　 나는 중국어 공부를 5년 동안 했다.
　　　　　　 我学汉语学了5年。

[단어]
完 [wán]: 동 끝내다, 완성하다
干净 [gānjìng]: 형 깨끗하다
次 [cì]: 양 회, 번, 차례
分钟 [fēnzhōng]: 양 분
中国菜 [zhōngguó cài]: 명 중국 요리

好 [hǎo]: 형 좋다
来 [lái]: 동 오다
遍 [biàn]: 양 번, 차례(전체 과정)
吃光 [chīguāng]: 동 다 먹다
饱 [bǎo]: 형 배부르다

실전연습

다음 빈칸에 적당한 단어를 넣어보세요.

得	家	了	趟
가능보어 정도보어	집	완료조사 가능보어	회, 번 (왕복)

1. 我去了一(趟)北京。   나는 북경에 한 번 갔다 왔다.
2. 他汉语说(得)很好。   그는 중국어를 잘 (말)한다.
3. 对不起, 我去不(了)。   미안하지만, 나는 갈 수 없다.
4. 我回(家)去。   나는 집으로 돌아간다.

심화연습

1. 다음 빈칸에 들어갈 알맞은 말을 고르세요.

1) 他吃(　)一次韩国料理。그는 한국 요리를 한 번 먹어본 적이 있다.
   ① 过　　　② 好　　　③ 完　　　④ 光

2) 他吃(　)了我的蛋糕。 그는 나의 케이크를 다 먹었다.
   ① 的　　　② 地　　　③ 得　　　④ 光

3) 我太累了, (　)了。 나는 너무 힘들어서 더는 뛸 수가 없다.
   ① 跑不动　② 跑得动　③ 跑没动　④ 不跑动

2. 주어진 단어들을 사용하여 문장을 배열해 보세요.

我 / 他是 / 起来 / 谁了! / 想   그가 누구인지 생각이 났다!

去 [qù]: 동 가다　　　　**北京** [Běijīng]: 명 북경　　　　**汉语** [hànyǔ]: 명 중국어
说 [shuō]: 동 말하다　　**好** [hǎo]: 형 좋다　　　　　　**对不起** [duìbuqǐ]: 미안합니다
回去 [huíqù]: 돌아가다　**韩国料理** [hán'guó liàolǐ]: 명 한국 요리　**跑** [pǎo]: 동 뛰다

CHAPTER 39 '把' 자문

개념 이해

- **'把'자문이란?**

  목적어가 어떻게 처리 되었는지를 강조하는 문장 예 ~을/를

- **'把'자문 형식이란?**

  주어 + [把 + *목적어] + 동사 + (기타성분)

  *반드시 특정한 명사여야 한다.

  (일반문)　　주어 + 동사 + 목적어

  ('把'자문)　주어 + [把 + 목적어] + 동사 + (기타성분)

  예 (일반문)　나는　마셨다　커피를
  　　　　　　주어　　동사　　목적어

  　 ('把'자문)　나는　把 + 커피를　마셨다
  　　　　　　　주어　[把 + 목적어]　동사

핵심 포인트

- **'把'자문의 용법**

  주어 + 把목적어 + 동사 + (기타성분)

  我把那杯茶喝了。
  wǒ bǎ nà bēi chá hē le
  나는 그 차를 마셨다.

  我把那张火车票订好了。
  wǒ bǎ nà zhāng huǒchēpiào dìng hǎo le
  나는 그 기차표를 예매 완료했다.

- **'把'자문의 특징**

  ❶ 동사 뒤엔 *기타성분을 함께 사용할 수 있다.
    *기타성분: (조사)了/ 보어/ 중첩/ 一下/ 목적어

    我把那个告诉爸爸了。
    나는 그것을 아빠에게 알려드렸다.

  ❷ 목적어는 '확정적인 것'이어야 한다.

    我把那个告诉爸爸了。
    나는 그것을 아빠에게 알려드렸다.

  ❸ [부사/ 조동사]는 '把' 앞에 있다.

    我已经把那杯咖啡喝了。
    나는 이미 그 커피를 마셨다.

  ❹ '심리, 인지, 변화' 등의 동사와는 쓰지 않는다.

    我把他认识。(×) → 我认识他。(O)
    나는 그를 알고 있다.   나는 그를 알고 있다.

[단어]

订 [dìng]: 동 예약하다
那个 [nàge]: 대명 그것
已经 [yǐjīng]: 부 이미
喝 [hē]: 동 마시다

火车票 [huǒchēpiào]: 명 기차표
告诉 [gàosu]: 동 알리다
咖啡 [kāfēi]: 명 커피
认识 [rènshi]: 동 알다

 **실전연습** 다음 문장을 '把'자문으로 바꾸세요.

1. 我看了那本书。 → 我把那本书看了。
나는 그 책을 봤다.
'把'자문은 [주어 + 把목적어 + 동사 + (기타 성분)]이다.

2. 我想告诉爸爸这件事。 → 我把这件事告诉爸爸。
나는 이 일을 아빠에게 알리다.

我想把这件事告诉爸爸。
나는 이 일을 아빠에게 알리고 싶다.

 심화연습

1. 다음 빈칸에 들어갈 알맞은 말을 고르세요.

1) 我(   )作业写完了。 나는 숙제를 다 했다.
① 把   ② 被   ③ 想   ④ 做

2) 我(   )这部电影看完了。 나는 이 영화를 다 봤다.
① 被   ② 把   ③ 看   ④ 想

3) 我(   )去日本的机票订好了。 나는 일본에 가는 비행기 티켓을 예약해 놓았다.
① 让   ② 被   ③ 把   ④ 没把

2. 주어진 단어들을 사용하여 문장을 배열해 보세요.

把 / 请 / 雨伞 / 借给我。   저에게 우산을 빌려주세요.

看 [kàn]: 통 보다
件 [jiàn]: 양 건, 벌
机票 [jīpiào]: 명 비행기 티켓
那本书 [nà běn shū]: 그 책
事 [shì]: 명 일
雨伞 [yǔsǎn]: 명 우산
想 [xiǎng]: 조동 ~하고 싶다
日本 [Rìběn]: 명 일본

CHAPTER 40 '被'자문

 개념 이해

- **'被'자문이란?**

  피동의 의미를 나타내는 문장   예 ~에게 ~을 당하다, ~에 의해 ~되다
  다른 힘에 의하여 움직이는 일

- **'被'자문의 형식**

  *목적어 + [被 + 주어] + 동사 + (기타성분)

  *반드시 특정한 명사

  (일반문) 주어 + 동사 + 목적어

  ('被'자문) 목적어 + [被 + 주어] + 동사 + (기타성분)

  예 (일반문) 철수가 때렸다 나를
              주어   동사   목적어

  ('被'자문) 나는   被 + 철수에게   맞았다
             목적어   [被 + 주어]   동사

 핵심 포인트

- **'被'자문의 용법**

  목적어 + 被주어 + 동사 + [기타성분]

  弟弟被那只狗咬了。
  dìdi bèi nà zhī gǒu yǎo le
  남동생이 그 강아지한테 물렸다.

  弟弟被姐姐打了。
  dìdi bèi jiějie dǎ le
  남동생이 누나한테 맞았다.

40. '被'자문 **125**

- **'被'자문의 특징**

    ❶ '被' 뒤에 오는 행위 주체는 화자와 청자가 모두 아는 '특정한 것'이어야 한다.

    > 我被一个人欺骗了。(×)
    > 나는 한 사람에게 속았다.
    > ↓
    > 我被那个人/弟弟欺骗了。(○)
    > 나는 그 사람/남동생에게 속았다.

    ❷ [부사/ 조동사]는 '被' 앞에 있다.

    > 弟弟已经被那只狗咬了。
    > 남동생은 이미 그 개에게 물렸다.

    ❸ '被' 뒤에 오는 행위주체는 생략할 수 있다.

    > 弟弟被(姐姐)打了。
    > 남동생이 (누나에게) 맞았다.

[단어]
弟弟 [dìdi]: 몡 남동생
姐姐 [jiějie]: 몡 누나, 언니
只 [zhī]: 양 (주로 짐승을 세는 단위) 마리
打 [dǎ]: 몡 때리다
狗 [gǒu]: 몡 개
欺骗 [qīpiàn]: 통 속이다
咬 [yǎo]: 통 물다

 **실전연습**   다음 문장을 '被'자문으로 바꾸세요.

1. 小偷偷走了我的钱包。 → 我的钱包被小偷偷走了。
   내 지갑이 도둑에게 도난을 당했다.
   '被'자문의 구조는
   [목적어 + 被주어 + 동사 + 기타성분]

2. 那只狗咬了儿子。 → 儿子被那只狗咬了。
   아들이 그 강아지에게 물렸다.

 **심화연습**

1. 다음 빈칸에 들어갈 알맞은 말을 고르세요.

   1) 他(   )我的车借走了。 그가 나의 차를 빌려갔다.
      ① 把   ② 使   ③ 被   ④ 没被

   2) 我的车(   )他借走了。 내 차는 그에게 빌려졌다.
      ① 使   ② 被   ③ 把   ④ 没被

   3) 我的鱼(   )那只小猫吃了。 내 생선이 저 고양이한테 먹혔다.
      ① 没被   ② 把   ③ 使   ④ 被

2. 주어진 단어들을 사용하여 문장을 배열해 보세요.

   我的衣服 / 淋湿了。 / 被 / 雨   내 옷이 비에 젖었다.

小偷 [xiǎotōu]: 명 도둑
偷走 [tōuzǒu]: 훔쳐 가다
鱼 [yú]: 명 물고기
雨 [yǔ]: 명 비
偷 [tōu]: 동 훔치다
儿子 [érzi]: 명 아들
衣服 [yīfu]: 명 옷
淋湿 [línshī]: 동 젖다

CHAPTER 41 임박태

 개념 이해

- **임박태란?**

    어떠한 상황 또는 행동의 발생이 임박했음을 나타낸다.　㉠ 곧 귀국한다, 곧 결혼한다.

- **임박태의 형식**

    要 + 상황/행동 + 了。 곧 ~하려고 한다.　㉠ 要结婚了。 곧 결혼한다.
    　　　　　　　　　　　　　　　　要回国了。 곧 귀국한다.

 핵심 포인트

- **임박태의 용법**

    要 + 상황/행동 + 了。

    要下课了。
    yào xiàkè le
    곧 수업이 끝난다.

    要下班了。
    yào xiàbān le
    곧 퇴근한다.

    我被你的礼物感动得要哭了。
    wǒ bèi nǐ de lǐwù gǎndòng de yào kū le
    너의 선물에 감동해서 막 눈물이 날 것 같아.

- **임박태의 특징**

  ❶ 강조할 땐, '要' 앞에 '就/快'를 붙인다.

  快(要)下班了。= 就要下班了。
  곧 퇴근한다.

  ❷ 구체적인 시간 표현이 있을 때, '快要~了'를 쓰지 않는다.

  내일 곧 졸업한다. 明天要毕业了。　(○)
  　　　　　　　　明天就要毕业了。(○)
  　　　　　　　　明天快要毕业了。(×)

- (정도보어) '得'는 [동사+得+형용사/구]의 구조로 쓰여 동작의 상태나 정도 또는 가능 여부를 보충 설명하는 단어이다.

[단어]

上班 [shàngbān]: 동 출근하다
上课 [shàngkè]: 동 수업을 듣다
下雨 [xiàyǔ]: 동 비가 내리다
感动 [gǎndòng]: 동 감동하다
气 [qì]: 동 화내다, 성나다
就 [jiù]: 부 곧, 즉시, 당장, 이미, 벌써

下班 [xiàbān]: 동 퇴근하다
下课 [xiàkè]: 동 수업을 마치다
礼物 [lǐwù]: 명 선물
哭 [kū]: 동 울다
快 [kuài]: 부 곧, 머지않아

실전연습

다음 문장을 중국어로 바꿔보세요.

1. 나 곧 결혼해. → 我要结婚了。
   我就要结婚了。
   我快要结婚了。
   我快结婚了。

2. 나 내일 곧 졸업해. → 我明天要毕业了。
   我明天就要毕业了。
   我明天快要毕业了。(×)

3. 나 감동하여서 막 울 것 같아. → 我感动得要哭了。

심화연습

1. 다음 빈칸에 들어갈 알맞은 말을 고르세요.

1) 那个人(   )走了。 그 사람이 곧 간다.
   ① 不要   ② 就要   ③ 不想要   ④ 没要

2) 太冷了, 我(   )流鼻涕了。 너무 추워서 콧물이 막 날 것 같다.
   ① 就要   ② 不要   ③ 要不   ④ 不想

3) 我明天(   )去旅行了。 나는 내일 곧 여행을 떠날 것이다.
   ① 没要   ② 就要   ③ 不要   ④ 快要

2. 주어진 단어들을 사용하여 문장을 배열해 보세요.

   辣得 / 流鼻涕 / 要 / 了。 / 我   나는 매워서 막 콧물이 흐를 것 같다.

结婚 [jiéhūn]: 동 결혼하다　　**明天** [míngtiān]: 명 내일　　**毕业** [bìyè]: 동 졸업
感动 [gǎndòng]: 동 감동하다　　**哭** [kū]: 동 울다　　**旅行** [lǚxíng]: 동 여행하다
流鼻涕 [liúbítì]: 동 콧물이 나오다

CHAPTER 42 시제 총정리

 개념 이해

- **시제란?**

  행위 또는 상황의 발생한 시점을 나타내는 말 (과거 - 현재 - 미래)

- **시제의 종류**

▶ 과거	[동사 + 了]	예 **吃了** 먹었다, **看了** 봤다, **听了** 들었다
	[동사 + 过]	예 **看过** 본 적 있다, **听过** 들은 적 있다
▶ 현재	[正在 + 동사(진행)]	예 **正在吃** 먹는 중이다, **正在说** 말하는 중이다
	[동사 + 着(지속)]	예 **吃着** 먹고 있다, **说着** 말하고 있다
▶ 미래	[要 + 동사 + 了]	예 **要上课了**。 곧 수업 시작한다.

 핵심 포인트

- **중국어 시제 종류**

과거	동사 + 了 ~했다(완료)	동사 + 过 ~한 적 있다(경험)	
현재	[동사원형] ~다	正在 + 동사 ~하는 중이다(진행)	동사 + 着 ~한 채로 있다(지속)
미래	要 + 동사 + 了 곧 ~한다		

▶ 중국어 시제 작문연습:

① 我去韩国。 나는 한국에 간다.

(과거) 我去韩国了。 : 나는 한국에 갔다.
(경험) 我去过韩国。 : 나는 한국에 간 적 있다.
(진행) 我正在去韩国。 : 나는 한국에 가는 중이다.
(임박) 我要去韩国了。 : 나는 곧 한국에 간다.

② 他看中国小说。 그는 중국 소설을 본다.

(과거) 他看了中国小说。 : 그는 중국 소설을 봤다.
(경험) 他看过中国小说。 : 그는 중국 소설을 본 적 있다.
(진행) 他正在看中国小说。 : 그는 중국 소설을 보는 중이다.
(임박) 他要看完了。 : 그는 곧 다 본다.

핵심 체크

- **遍 [biàn]**: 번, 차례, 회 (한 동작의 처음부터 끝까지의 전 과정을 가리킨다.)
- **[동사 + 了]**: ~했다
- **[동사 + 过]**: ~한 적 있다
- **[正在 + 동사]**: ~하는 중이다 (진행)
- **[동사 + 着]**: ~한 채로 있다 (지속)
- **[(就/快) + 要 + 동사 + 了]**: 곧 ~한다
- **[沒 + 동사]**: ~ 안 했다
- **동량보어**: 동사(동작)의 횟수를 나타내는 단어/구
- **시량보어**: 동사가 진행되는 시간의 양을 보충 설명하는 단어/구

[단어]
次 [cì]: 양 차례, 번, 회
要 [yào]: 조동 ~할 것이다, ~하려 하고 있다
回国 [huíguó]: 동 귀국하다
一个小时 [yígè xiǎoshí]: 명 한 시간
想 [xiǎng]: 조동 ~하려고 하다, ~할 작정이다
小说 [xiǎoshuō]: 명 소설

 **실전연습**   다음 한글을 적당한 시제를 사용해 중국어로 바꿔보세요.

1. 그는 그 영화를 봤다. → 他看了那部电影。
[동사 + 了] ~했다

2. 그는 그 영화를 본 적 있다. → 他看过那部电影。
[동사 + 过] ~한 적 있다

3. 그는 그 영화를 보는 중이다. → 他正在看那部电影(呢)。
[正在 + 동사] ~하는 중이다

4. 그는 앉은 채로 영화를 본다. → 他坐着看电影。
[동사 + 着] ~한 채로 있다

 심화연습

1. 다음 빈칸에 들어갈 알맞은 말을 고르세요.

1) 她今天(　　)漂亮的连衣裙。 그녀는 오늘 예쁜 원피스를 입었다.
　① 穿过　　② 正在穿　　③ 穿了　　④ 要穿

2) 她以前(　　)这件漂亮的连衣裙。 그녀는 예전에 이 예쁜 원피스를 입은 적이 있다.
　① 正在穿　　② 穿过　　③ 穿了　　④ 要穿

3) 明天她(　　)漂亮的连衣裙。 내일 그녀는 예쁜 원피스를 입을 것이다.
　① 要穿　　② 穿过　　③ 正在穿　　④ 穿了

2. 주어진 단어들을 사용하여 문장을 배열해 보세요.

　正在 / 外面 / 下雨。   밖에 비가 오고 있다.

部 [bù]: 부, 편 (서적, 영화 편수 등을 세는 단위)   **连衣裙** [liányīqún]: 원피스
外面 [wàimian]: (건물 등의) 밖   **下雨** [xià yǔ]: 비가 내리다

CHAPTER 43 병렬복문(并列复句)

 개념 이해

- **복문이란?**

  두 개 이상의 단문이 연결된 문장

- **병렬복문이란?**

  '상황, 사건, 사물' 등 몇 가지 사실을 두 개 이상 늘어놓은 문장

- **병렬복문의 종류**

  ▶ **一边 …, 一边 …**   …하면서 …한다. (동작)
  ▶ **又(既) …, 又 …**   …이고 …이다. (상태)
  ▶ **一会儿 …, 一会儿 …** …한편으론 …하고, 한편으론 …하다.
  ▶ **一方面 …, 一方面 …** …했다가, …한다.

 핵심 포인트

- **병렬복문의 용법**

  一边 A , 一边 B 。
  A하면서, B한다. (동작)

  她一边喝咖啡，一边聊天。
  tā yìbiān hē kāfēi yìbiān liáotiān
  그녀는 커피를 마시며 수다를 떤다.

又(既) A , 又 B 。
A이고, B이다. (상태)

我又会说汉语，又会说英语。
wǒ yòu huì shuō hànyǔ yòu huì shuō yīngyǔ
나는 중국어도 할 줄 알고, 영어도 할 줄 안다.

她又累，又饿。
tā yòu lèi yòu è
그녀는 피곤하고 배고프다.

一方面 A , 一方面 B 。
한편으론 A하고, 한편으론 B하다.

一方面对不起你，一方面感谢你。
yì fāngmiàn duìbuqǐ nǐ yì fāngmiàn gǎnxiè nǐ
한편으론 너에게 미안하고, 한편으론 감사하다.

一会儿 A , 一会儿 B 。
A했다가, B한다.

一会儿哭，一会儿笑。
yí huìr kū yí huìr xiào
울다가 웃다가 한다.

[단어]

- 聊天(儿) [liáotiānr]: 동 수다를 떨다
- 累 [lèi]: 형 지치다, 피곤하다
- 方面 [fāngmiàn]: 명 방면, 측, 부분
- 感谢 [gǎnxiè]: 동 고맙다. 감사하다
- 哭 [kū]: 동 울다
- 会 [huì]: 조동 [배워서 습득] ~할 줄 알다, 할 수 있다
- 饿 [è]: 형 배고프다
- 对不起 [duìbuqǐ]: 동 미안합니다
- 一会儿 [yíhuìr] 짧은 시간, 잠시, 잠깐 동안
- 笑 [xiào]: 동 웃다

실전연습 다음 빈칸에 적당한 단어를 넣어보세요.

一边…, 一边…	又(既)…, 又…	一会儿…, 一会儿…
…하면서, …한다(동작)	…이고, …이다. (상태)	…했다가, …한다

1. (一会儿)晴, (一会儿)阴。 맑았다가 흐리다.

2. (一边)看电影, (一边)吃饭。 영화를 보면서 밥을 먹는다.

3. 这个东西(又)漂亮, (又)便宜。 이 물건은 예쁘고 싸다.

심화연습

1. 다음 빈칸에 들어갈 알맞은 말을 고르세요.

1) 我(　　)吃饭, (　　)做作业。 나는 밥을 먹으면서 숙제를 한다.
   ① 一边…, 一边…　　　　② 既…又…
   ③ 一会儿…, 一会儿…　　④ 一方面…, 一方面…

2) 这条牛仔裤(　　)可爱, (　　)性感。 이 청바지는 귀여우면서 섹시하다.
   ① 一会儿…, 一会儿…　　② 一边…, 一边…
   ③ 既…又…　　　　　　　④ 一方面…, 一方面…

3) 他对我(　　)好(　　)坏。 그는 나에게 친절하게 대했다가, 못되게 대한다.
   ① 既…又…　　　　　　　② 一会儿…, 一会儿…
   ③ 一方面…, 一方面…　　④ 一边…, 一边…

2. 주어진 단어들을 사용하여 문장을 배열해 보세요.

   一边…, 一边… / 唱歌 / 跳舞。 / 小丽　　小丽는 노래를 부르면서 춤을 춘다.

晴 [qíng]: 형 맑다　　阴 [yīn]: 형 흐리다　　看电影 [kàn diànyǐng]: 영화를 보다
吃饭 [chīfàn]: 밥을 먹다　　漂亮 [piàoliang]: 형 예쁘다　　便宜 [piányi]: 형 싸다
牛仔裤 [niúzǎikù]: 명 청바지　　性感 [xìnggǎn]: 형 섹시하다　　唱歌 [chànggē(r)]: 동 노래를 부르다
跳舞 [tiàowǔ]: 동 춤을 추다

CHAPTER 44 순접복문(承接复句)

 개념 이해

- **복문이란?**

  두 개 이상의 단문이 연결된 문장

- **순접복문이란?**

  두 문장 이상을 '사실, 상황, 사건' 등의 발생 순서로 나타낸 문장

- **순접복문의 종류**

  ▶ 先 …, 再(然后) …   먼저 …하고, 그다음 …한다.
  ▶ …, 于是 …   …, 그리하여 …다.
  ▶ 一 …, 就(便) …   …하자마자, 바로 …하다.

 핵심 포인트

- **순접복문의 용법**

  先 A, 再 B。
  먼저 A하고, 그다음 B한다.

  我们先吃饭，再看电影吧。
  wǒmen xiān chīfàn zài kàn diànyǐng ba
  우리 먼저 밥 먹고, 그다음에 영화 보자.

 **핵심 체크**

- **吧 [ba]**: 죄 문장 맨 끝에 쓰여, '상의, 제의, 청유, 기대, 명령' 등의 어기를 나타낸다.

先 A ，然后 B 。
먼저 A하고, 그다음 B한다.

我们先洗手，然后做菜吧。
wǒmen xiān xǐshǒu ránhòu zuòcài ba
우리 먼저 손 씻고, 그다음에 요리하자.

A ，于是 B 。
A, 그리하여 B한다.

今天下雨，于是我带雨伞了。
jīntiān xiàyǔ yúshì wǒ dài yǔsǎn le
오늘 비가 내려서, 우산을 챙겼다.

一 A ，就 B 。
A하자마자, 바로 B한다.

爸爸一起床，就看报纸。
bàba yì qǐchuáng jiù kàn bàozhǐ
아빠는 일어나자마자, 바로 신문을 본다.

我一到家，就洗手。
wǒ yí dàojiā jiù xǐshǒu
나는 집에 도착하자마자, 바로 손을 씻는다.

[단어]

先 [xiān]: 閉 먼저, 처음
然后 [ránhòu]: 졉 그런 후에, 그다음에
手 [shǒu]: 명 손
我们 [wǒmen]: 대명 우리
带 [dài]: 동 지니다, 휴대하다
起床 [qǐchuáng]: 동 (잠에서) 일어나다

再 [zài]: 閉 또, 다시
洗 [xǐ]: 동 씻다
做菜 [zuòcài]: 동 요리하다
于是 [yúshì]: 졉 그래서, 그리하여
就 [jiù]: 閉 곧, 즉시, 바로
报纸 [bàozhǐ]: 명 신문

 **실전연습** 다음 빈칸에 적당한 단어를 넣어보세요.

然后	于是	就
그다음에	그리하여	바로, 곧

1. 今天下雨，(于是)带雨伞了。 오늘 비가 내린다, 그리하여 우산을 챙겼다.
   [A, 于是 B.] A, 그리하여 B한다.

2. 我每天一到家(就)吃饭。 나는 매일 집에 도착하자마자, 바로 밥을 먹는다.
   [一 A, 就/便 B.] A 하자마자, 곧/바로 B한다.

3. 先看电影，(然后)吃饭吧。 먼저 영화 보고, 그다음에 밥을 먹자.
   [先 A, 再(然后) B.] 먼저 A하고, 그다음 B한다.

심화연습

1. 다음 빈칸에 들어갈 알맞은 말을 고르세요.

   1) 我(   )到家,(   )换睡衣。 나는 집에 도착하자마자 잠옷을 갈아입는다.
      ① 一…, 就…   ② 先…, 然后…   ③ 先…, 再…   ④ …, 于是…

   2) 你应该(   )吃饭,(   )学习。 너는 먼저 밥을 먹고 그다음에 공부를 해야 돼.
      ① 一边…, 一边…   ② 先…, 再…   ③ 一…, 就…   ④ …, 于是…

   3) 老鼠(   )见到猫(   )逃跑。 쥐는 고양이를 보자마자 도망을 친다.
      ① 先…, 再…   ② 先…, 然后…   ③ …, 于是…   ④ 一…, 就…

2. 주어진 단어들을 사용하여 문장을 배열해 보세요.

   我 / 门铃 / 于是 / 开了门。 / 响了,   초인종이 울려서 나는 문을 열었다.

今天 [jīntiān]: 명 오늘 **下雨** [xiàyǔ]: 동 비가 내리다 **带** [dài]: 동 지니다
雨伞 [yǔsǎn]: 명 우산 **每天** [měitiān]: 매일 **到** [dào]: 동 도착하다
家 [jiā]: 명 집 **吃饭** [chīfàn]: 동 밥을 먹는다 **看电影** [kàn diànyǐng]: 영화를 보다
睡衣 [shuìyī]: 명 잠옷 **老鼠** [lǎoshǔ]: 명 쥐 **猫** [māo]: 명 고양이
逃跑 [táopǎo]: 동 도망치다 **门铃** [ménlíng]: 명 초인종

CHAPTER 45 점층복문(递进复句)

 개념 이해

- **복문이란?**

  두 개 이상의 단문이 연결된 문장

- **점층복문이란?**

  두 문장 이상을 내용이 점차 심화, 확대, 발전되는 순서로 연결한 문장

- **점층복문의 종류**

  ▶ 不但(不仅)… , 而且…　　…뿐만 아니라, 게다가 …하다.
  ▶ 不但不(没)… , 反而…　　…안 할(했을) 뿐만 아니라, 도리어 …하다.
  ▶ 连… , 也/都…　　　　　…조차도 …하다.
  ▶ … , 甚至…　　　　　　…해서, 심지어 …한다.

 핵심 포인트

- **점층복문의 용법**

  不但(不仅)　A　, 而且(甚至)　B　。
  A뿐만 아니라, 게다가 B하다.

  她**不但**会说汉语, **而且**会说英语。
  tā búdàn huì shuō hànyǔ érqiě huì shuō yīngyǔ
  그녀는 중국어를 할 줄 알 뿐만 아니라, 영어도 할 줄 안다.

不但不(没) A ，反而 B 。
A 안 할(했을) 뿐만 아니라, 도리어 B하다.

妈妈不但没生气，反而笑了。
māma búdàn méi shēngqì fǎn'ér xiàole
엄마는 화를 안 냈을 뿐만 아니라, 도리어 웃었다.

连 A ，也(都) B 。
A조차도, B하다.

那件事连老师也不知道。
nà jiàn shì lián lǎoshī yě bù zhīdào
그 일은 선생님조차도 모른다.

A ，甚至 B 。
A 해서, 심지어 B하다.

他太紧张了，甚至忘了自己的名字。
tā tài jǐnzhāng le shènzhì wàngle zìjǐ de míngzi
그는 너무 긴장해서, 심지어 본인의 이름을 잊어버렸다.

[단어]

件 [jiàn]: 양 건, 개, 벌
甚至 [shènzhì]: 부 심지어
忘 [wàng]: 동 잊다, 망각하다
自己 [zìjǐ]: 부 스스로
男朋友 [nánpéngyou]: 명 남자친구
紧张 [jǐnzhāng]: 형 긴장하다, 불안하다
名字 [míngzi]: 명 이름
太~了 [tài~le]: 너무 ~하다

실전연습

다음 빈칸에 적당한 단어를 넣어보세요.

不仅	反而	也
뿐만 아니라	도리어, 오히려	조차도

1. 连英语(也)不会说。 영어조차도 못 한다.
[连A 也(都) B。] A조차도, B하다.

2. (不仅)会说英语, 而且会说汉语。 영어할 줄 알 뿐만 아니라, (게다가) 중국어도 할 줄 안다.
[不仅A, 而且B。] A 뿐만 아니라, 게다가 B한다.

3. 她不但没同意, (反而)反对了。 그녀는 동의하지 않았을 뿐만 아니라, 도리어 반대했다.
[不但不(没)A, 反而B。]
A 하지 않을 뿐만 아니라, 오히려 B한다.

심화연습

1. 다음 빈칸에 들어갈 알맞은 말을 고르세요.

1) 她不仅长得漂亮, (   )善良。 그녀는 예쁘게 생겼을 뿐만 아니라 착하기까지 하다.
① 而且   ② 反而   ③ 甚至   ④ 也

2) 老师(   )生气, 反而夸奖我了。 선생님은 화내지 않았을 뿐만 아니라 오히려 나를 칭찬해 주셨다.
① 不但   ② 也   ③ 不但没   ④ 甚至

3) 他太马虎了, (   )做错了最简单的那道题。 그는 너무 소홀해서, 심지어 가장 간단한 그 문제마저 틀렸다.
① 甚至   ② 连   ③ 不仅   ④ 反而

2. 주어진 단어들을 사용하여 문장을 배열해 보세요.

空气 / 不仅..., 而且... / 这里 / 安静 / 新鲜。   여기는 조용할 뿐만 아니라 공기도 맑다.

英语 [yīngyǔ]: 명 영어
反对 [fǎnduì]: 동 반대하다
马虎 [mǎhu]: 형 소홀하다
安静 [ānjìng]: 형 조용하다

不会 [búhuì]: 조동 할 줄 모른다
善良 [shànliáng]: 형 착하다
题 [tí]: 명 문제
新鲜 [xīnxiān]: 형 신선하다, 맑다

同意 [tóngyì]: 동 동의하다
夸奖 [kuājiǎng]: 동 칭찬하다
空气 [kōngqì]: 명 공기

CHAPTER 46 선택복문 (选择复句)

 개념 이해

- **복문(复句)이란?**

  두 개 이상의 단문이 연결된 문장

- **선택복문이란?**

  두 개 이상의 단문이 연결된 가운데서 하나를 고르는 문장

- **선택복문의 종류**
  - ▶ 不是…, 而是…   …가 아니고 …이다.
  - ▶ 不是…, 就是…   …가 아니면 …이다.
  - ▶ … 还是 …   … 또는 …
  - ▶ 宁可…, 也要/也不… …할지언정, … 한다/하지 않는다.
  - ▶ 与其…, 不如…   …하느니, …가 낫다.

 핵심 포인트

- **선택복문의 용법**

  不是 A , 而是 B 。
  A가 아니고, B이다.

  她**不是**老师, **而是**学生。
  tā búshì lǎoshī érshì xuésheng
  그녀는 선생님이 아니고, 학생이다.

  不是 A , 就是 B 。
  A가 아니면, B이다.

  我周末**不是**看电视, **就是**玩游戏。
  wǒ zhōumò búshì kàn diànshì jiùshì wán yóuxì
  나는 주말에 TV 보거나 게임을 한다.

A 还是 B
A 또는 B

你想喝茶还是喝咖啡？
nǐ xiǎng hē chá háishi hē kāfēi
너는 차 마시고 싶어 아니면, 커피 마시고 싶어?

宁可 A ，也不 B 。
A할지언정, B하지 않는다.

宁可饿死，也不吃那个。
nìngkě è sǐ yě bù chī nàge
배고파 죽을지언정, 그건 안 먹어.

宁可饿死，也不吃你做的。
nìngkě è sǐ yě bù chī nǐ zuòde
배고파 죽을지언정, 네가 한 것은 안 먹어.

宁可 A ，也要 B 。
A할지언정, B한다.

宁可穷死，也要当歌手。
nìngkě qióng sǐ yě yào dāng gēshǒu
나는 가난할지언정, 가수가 될 거야.

与其 A ，不如 B 。
A하느니, B가 낫다.

与其迟到，不如不去。
yǔqí chídào bùrú búqù
지각하느니, 안 가는 게 낫다.

[단어]

周末 [zhōumò]: 몡 주말
游戏 [yóuxì]: 몡 게임, 오락
宁可 [nìngkě]: 젭 차라리 ~할지 언정
死 [sǐ]: 동 죽다, 혱 극도로, ~해 죽겠다
穷 [qióng]: 혱 가난하다
歌手 [gēshǒu]: 몡 가수

玩 [wán]: 동 놀다
学生 [xuésheng]: 몡 학생
饿 [è]: 혱 배고프다
累死 [lèisǐ]: 피곤해 죽을 지경이다
当 [dāng]: 동 ~이 되다

 **실전연습**   다음 문장을 적절하게 해석해보세요.

1. 他不是中国人，而是韩国人。 그는 중국인이 아니고, 한국인이다.
   [不是 A, 而是 B.] A가 아니고, B다.

2. 他不是中国人，就是韩国人。 그는 중국인이 아니면, 한국인이다.
   [不是 A, 就是 B.] A가 아니면, B다.

3. 宁可后悔，也不放弃。 후회할지언정, 포기하지 않는다.
   [宁可 A, 也不 B.] A 할지언정, B하지 않는다.

4. 宁可后悔，也要放弃。 후회할지언정, 포기하겠다.
   [宁可 A, 也要 B.] A 할지언정, B한다.

 심화연습

1. 다음 빈칸에 들어갈 알맞은 말을 고르세요.

1) 你想吃方便面(　)紫菜饭？ 너는 라면을 먹을 거니 김밥을 먹을 거니?
   ① 就是 ② 还是 ③ 也要 ④ 不如

2) 他(　)挨骂，也要提出自己的建议。 그는 야단을 맞을지언정 자신의 의견을 제출했다.
   ① 宁可 ② 不要 ③ 如果 ④ 因为

3) 她不是你的朋友，(　)你的老师。 그녀는 너의 친구가 아니고, 너의 선생님이다.
   ① 不是 ② 而是 ③ 不如 ④ 还是

2. 주어진 단어들을 사용하여 문장을 배열해 보세요.

   他 / 不是…, 而是… / 病人 / 医生 / 。
   그는 환자가 아니라 의사이다.
   그는 의사가 아니라 환자이다.

中国人 [zhōngguó'rén]: 명 중국인   **韩国人** [hán'guó'rén]: 명 한국인   **后悔** [hòuhuǐ]: 동 후회하다
放弃 [fàngqì]: 동 포기하다   **方便面** [fāngbiànmiàn]: 명 라면   **紫菜饭** [zǐcàifàn]: 명 김밥
挨骂 [áimà]: 동 야단맞다   **建议** [jiànyì]: 명 제의

CHAPTER 47 가정복문 (假设复句)

 개념 이해

- **복문이란?**

  두 개 이상의 단문이 연결된 문장

- **가정복문이란?**

  두 개 이상의 단문이 연결되어 분명하지 않은 것을 임시로 설정한 문장

- **가정복문의 종류**

▶ 만약 …이면, 그렇다면 …한다.	如果…, (就) …
	要是…, (就) …
▶ 설령 …일지라도, 그래도 …한다.	即使…, 也 …
	就是…, 也 …
	哪怕…, 也 …

 핵심 포인트

- **가정복문의 용법**

  如果 A , (就) B 。
  만약 A이면, 그렇다면 B한다.

  如果发烧，就叫我。
  rúguǒ fāshāo jiù jiào wǒ
  만약 열이 나면 나를 불러.

要是 A ,(就) B 。
만약 A이면, 그렇다면 B한다.

要是下雨,我们就打的吧。
yàoshì xiàyǔ wǒmen jiù dǎdī ba
만약 비가 오면 우리 택시 타자.

即使 A , 也 B 。
설령 A일지라도, 그래도 B한다.

即使父母反对,我也要结婚。
jíshǐ fùmǔ fǎnduì wǒ yě yào jiéhūn
부모님이 반대할지라도, 나는 결혼할 것이다.

就是 A , 也 B 。
설령 A일지라도, 그래도 B한다.

就是下雨,我们明天也要去旅行。
jiùshì xiàyǔ wǒmen míngtiān yě yào qù lǚxíng
설령 비가 와도, 우리는 내일 여행을 갈 것이다.

哪怕 A , 也 B 。
설령 A일지라도, 그래도 B한다.

哪怕是简单的考试,我也会努力。
nǎpà shì jiǎndān de kǎoshì wǒ yě huì nǔlì
간단한 시험일지라도, 나는 최선을 다할 것이다.

[단어]

发烧 [fāshāo]: 동 열이 나다
打的 [dǎdī]: 동 택시를 타다(잡다)
反对 [fǎnduì]: 동 반대하다
旅行 [lǚxíng]: 명 여행하다
考试 [kǎoshì]: 명 시험

叫 [jiào]: 동 부르다
父母 [fùmǔ]: 명 부모
结婚 [jiéhūn]: 동 결혼
简单 [jiǎndān]: 형 간단하다, 단순하다
努力 [nǔlì]: 동 노력하다, 열심히 하다

 **실전연습**   다음 빈칸에 적당한 단어를 넣어보세요.

就	哪怕	也
그렇다면	설령 ~일지라도	그래도

1. 要是有钱, (就)要去旅行。 만약 돈이 있다면, 여행을 갈 것이다.
   [要是 A, (就) B。] 만약 A이면, 그렇다면 B한다.

2. 就是学习不好, (也)能成功。 설령 공부를 못하더라도 성공할 수 있다.
   [就是 A, 也 B。] 설령 A일 지라도, 그래도 B한다.

3. (哪怕)失败, (也)不要放弃。 설령 실패하더라도, 포기하면 안 된다.
   [哪怕 A, 也 B。] 설령 A일 지라도, 그래도 B한다.

 심화연습

1. 다음 빈칸에 들어갈 알맞은 말을 고르세요.

1) (　　)你感觉恶心, 要马上告诉我。 만약 메스꺼우면 바로 나한테 알려줘.
   ① 如果　　② 即使　　③ 哪怕　　④ 因为

2) (　　)找工作很难, 我也不会放弃。 설령 일자리를 찾는 게 어려울지언정 나는 포기하지 않을 것이다.
   ① 甚至　　② 要是　　③ 哪怕　　④ 如果

3) (　　)不运动, 也能减肥。 운동하지 않아도 다이어트를 할 수 있다.
   ① 因为　　② 即使　　③ 如果　　④ 要是

2. 주어진 단어들을 사용하여 문장을 배열해 보세요.

   我 / 有困难 / 跟 / 要是..., 就... / 说。 만약 어려움이 있으면 나한테 얘기해.

钱 [qián]: 몡 돈
成功 [chénggōng]: 통 성공
减肥 [jiǎnféi]: 통 살을 빼다
能 [néng]: 조동 ~할 수 있다
恶心 [ěxin]: 통 메스껍다

旅行 [lǚxíng]: 통 여행하다
放弃 [fàngqì]: 통 포기하다
要 [yào]: 조동 ~ 할 것이다
失败 [shībài]: 통 실패하다
困难 [kùnnan]: 몡 어려움

不好 [bùhǎo]: 혱 못하다
感觉 [gǎnjué]: 통 느끼다
学习 [xuéxí]: 통 공부하다
不要 [búyào] = 别 [bié]: 조동 ~하지 마라

CHAPTER 48 조건복문(条件复句)

 개념 이해

- **복문(复句)이란?**

  두 개 이상의 단문이 연결된 문장

- **조건복문이란?**

  두 개 이상의 단문이 연결되어 '조건과 결과'의 관계를 이루는 문장

- **조건복문의 종류**

  ▶ 只要…, 就…   …하기만 하면, …한다.
  ▶ 只有…, 才…   …해야만, 비로소 …한다.
  ▶ 除了… 以外, 也/还…   … 외에, 또 …다.
  ▶ 除了… 以外, 都…   … 외에, 모두 …다.
  ▶ 无论/不论/不管…, 也… …와 관계없이, 그래도 …한다.

 핵심 포인트

- **조건복문의 용법**

  只要 A , 就 B 。
  A하기만 하면, 바로 B한다.

  只要有你, 就好。
  zhǐyào yǒu nǐ jiù hǎo
  너만 있으면 좋다.

  只有 A , 才 B 。
  A해야만, 비로소 B한다.

  只有运动, 才能减肥。
  zhǐyǒu yùndòng cái néng jiǎnféi
  운동해야만, 살을 뺄 수 있다.

除了 A 以外, 也/还 B。
A 외에, 또 B다.

除了他以外, 我也是韩国人。
chúle tā yǐwài wǒ yě shì hán'guó'rén
그(사람) 외에, 나도 한국인이다.

除了 A 以外, 都 B。
A를 제외하고, 모두 B다.

除了他以外, 都是韩国人。
chúle tā yǐwài dōu shì hán'guó'rén
그(사람) 외에, 모두 한국인이다.

无论/不论/不管 A, 也 B。
A와 관계 없이, 그래도 B다.

无论下不下雨, 我也能坚持。
wúlùn xià bú xià yǔ wǒ yě néng jiānchí
비가 오든 안 오든, 나는 계속할 수 있다.

无论/不论/不管 A, 也 B。
A와 관계 없이, 그래도 B다.

不管多忙, 也要吃饭。
bùguǎn duō máng yě yào chīfàn
아무리 바빠도 밥을 먹어야 한다.

[단어]

便宜 [piányi]: 형 싸다
运动 [yùndòng]: 명 운동
减 [jiǎn]: 동 빼다, 덜다, 감하다
减肥 [jiǎnféi]: 동 살을 빼다
韩国人 [hán'guó'rén]: 명 한국인

干净 [gānjìng]: 형 깨끗하다
能 [néng]: 조동 ~할 수 있다
肥 [féi]: 형 지방이 많다, 살찌다
除了 [chúle]: ~을 제외하고, ~외에
坚持 [jiānchí]: 동 견지하다, 계속 지속하다

 **실전연습** 다음 문장을 적절하게 해석해 보세요.

1. 除了他以外，我也去北京。 그 사람 외에, 나도 북경에 간다.
   [除了 A 以外, 也 B。] A 외에, 또 B다.

2. 除了他以外，我们都去北京。 그 사람을 제외하고, 우리 모두 북경에 간다.
   [除了 A 以外, 都 B。] A 외에, 모두 B다.

3. 只要是学生，就能参加。 학생이기만 하면, 참가할 수 있다.
   [只要 A 就 B。] A 하기만 하면, 바로 B한다.

4. 只有他，我们才能赢。 그가 있어야만, 우리는 비로소 이길 수 있다.
   [只有 A 才 B。] A 해야만, 비로소 B한다.

 심화연습

1. 다음 빈칸에 들어갈 알맞은 말을 고르세요.

1) （　）有信心，就有希望。 자신감을 가지면 희망이 있다.
   ① 只有　　② 除了　　③ 只要　　④ 无论

2) （　）我以外，其他人都没吃饭。 나 빼고 나머지 사람들은 모두 밥을 안 먹었다.
   ① 除了　　② 只有　　③ 无论　　④ 不管

3) （　）多么累，我也会坚持下去的。 아무리 힘들어도 나는 버텨낼 것이다.
   ① 只要　　② 无论　　③ 只有　　④ 除了

2. 주어진 단어들을 사용하여 문장을 배열해 보세요.

保持 / 能 / 只有…, 才… / 身体健康。/ 坚持运动

계속 운동을 해야만 신체 건강을 유지할 수 있다.

北京 [Běijīng]: 명 베이징
保持 [bǎochí]: 동 유지하다
希望 [xīwàng]: 명 희망
健康 [jiànkāng]: 형 건강하다
参加 [cānjiā]: 동 참가하다
学生 [xuésheng]: 명 학생
身体 [shēntǐ]: 명 몸, 신체

CHAPTER 49 목적복문(目的复句)

 개념 이해

- **복문이란?**

    두 개 이상의 단문이 연결된 문장

- **목적복문이란?**

    두 개 이상의 단문이 연결되어 '목적과 조건'을 나타내는 문장

- **조건복문의 종류**

    ▶ 为了…, …   …위하여, …하다.
    ▶ …, 为的是 …   …는 …를 위함이다.
    ▶ …, 免得…   … 하라, … 하지 않도록.

 핵심 포인트

- **목적복문의 용법**

    为了 A , B 。
    A위하여, B하다.

    为了你, 准备了。
    wèile nǐ zhǔnbèi le
    너를 위해 준비했다.

    为了减肥, 我不吃晚饭。
    wèile jiǎnféi wǒ bùchī wǎnfàn
    다이어트를 위해서, 저녁을 안 먹는다.

A , 为的是 B 。
A는, B를 위함이다.

来中国，为的是学习。
lái Zhōngguó wèi de shì xuéxí
중국에 온 건, 공부를 하기 위함이다.

早起，为的是去机场接朋友。
zǎoqǐ wèi de shì qù jīchǎng jiē péngyou
일찍 일어난 것은 공항에 가서 친구를 마중하기 위함이다.

A , 免得 B 。
A하라, B하지 않도록.

小心，免得受伤。
xiǎoxīn miǎnde shòushāng
조심해, 다치지 않도록.

早点儿出发，免得迟到。
zǎodiǎnr chūfā miǎnde chídào
일찍 출발해, 지각하지 않도록.

[단어]

- 为了 [wèile]: 전 ~을 위하여
- 午饭 [wǔfàn]: 명 점심밥
- 机场 [jīchǎng]: 명 공항
- 早 [zǎo]: 형 이르다
- 早饭 [zǎofàn]: 명 아침밥
- 晚起 [wǎnqǐ]: 동 늦게 일어나다
- 受伤 [shòushāng]: 동 상처를 입다
- 晚饭 [wǎnfàn]: 명 저녁밥
- 早起 [zǎoqǐ]: 동 일찍 일어나다
- 小心 [xiǎoxīn]: 동 조심하다
- 准备 [zhǔnbèi]: 동 준비하다
- 旅行 [lǚxíng]: 동 여행하다
- 接 [jiē]: 동 맞이하다, 마중하다
- 出发 [chūfā]: 동 출발하다

실전연습

다음 빈칸에 적당한 단어를 넣어보세요.

为了	免得	为的是
~위해	~하지 않도록	~을 위함이다.

1. 这次去上海，(为的是)参加比赛。
   이번에 상하이에 가는 것은 경기에 참여하기 위함이다.

2. (为了)参加比赛，我去上海。
   경기에 참여하기 위해서, 나는 상하이에 간다.

3. 盖好被子，(免得)感冒。
   이불을 잘 덮어, 감기 걸리지 않도록.

심화연습

1. 다음 빈칸에 들어갈 알맞은 말을 고르세요.

1) 努力工作，(　)养家糊口。 열심히 일하는 것은 처자를 먹여 살리기 위함이다.
   ① 为的是　② 为了　③ 免得　④ 因为

2) (　)去旅行，我做了兼职。 여행을 가기 위하여 나는 아르바이트를 했다.
   ① 为了　② 为的是　③ 免得　④ 所以

3) 天冷了，要多穿衣服，(　)冻着。 날이 추워졌어. 옷 많이 입어, 감기 걸리지 않도록.
   ① 为了　② 因为　③ 免得　④ 为的是

2. 주어진 단어들을 사용하여 문장을 배열해 보세요.

   快 / 免得 / 去吧， / 迟到。　빨리 가, 늦지 않도록.

次 [cì]: 양 번, 회
盖 [gài]: 동 덮다
养家糊口 [yǎngjiāhúkǒu]: 동 처자를 먹여 살리다
参加 [cānjiā]: 동 참여하다
杯子 [bēizi]: 명 잔, 컵
冻 [dòng]: 동 얼다

CHAPTER 50 전환복문 (转折复句)

 개념 이해

- **복문이란?**

  두 개 이상의 단문이 연결된 문장

- **전환복문이란?**

  두 개 이상의 단문이 연결되어 앞, 뒤 내용이 정반대로 바뀌는 문장

- **전환복문의 종류**

  ▶ 虽然 … , 但是/可是/不过 …   비록 …일지라도, 그러나 …하다.
  ▶ … , 但是/可是/不过 …   …이다, 하지만 …다.
  ▶ … , 否则 …   …하라, 그렇지 않으면 …다.

 핵심 포인트

- **전환복문의 용법**

  > 虽然 A , 但是 B 。
  > 비록 A일지라도, 그러나 B하다.

  这个菜虽然好吃, 但是有点儿贵。
  zhège cài suīrán hǎochī dànshì yǒudiǎnr guì
  이 요리는 비록 맛있지만, 조금 비싸다.

  他虽然不太聪明, 但是努力学习。
  tā suīrán bútài cōngming dànshì nǔlì xuéxí
  그는 비록 그다지 똑똑하지 않지만, 열심히 공부한다.

A , 但是/可是/不过 B 。
A이다, 그러나/하지만 B하다.

我想去中国，但是没有钱。
wǒ xiǎng qù Zhōngguó dànshì méiyǒu qián
나는 중국에 가고 싶다, 하지만 돈이 없다.

我最近很忙，但是坚持运动。
wǒ zuìjìn hěn máng dànshì jiānchí yùndòng
나는 요즘 매우 바쁘지만, 꾸준히 운동한다.

A , 否则 B 。
A하라, 그렇지 않으면 B하다.

打车吧，否则我们会迟到。
dǎchēba fǒuzé wǒmen huì chídào
택시 타, 그렇지 않으면 우리 지각할 것이다.

努力学习吧，否则以后会后悔。
nǔlì xuéxíba fǒuzé yǐhòu huì hòuhuǐ
열심히 공부해, 그렇지 않으면 나중에 후회할 거야.

[단어]

菜 [cài]: 몡 요리
贵 [guì]: 혱 비싸다
聪明 [cōngming]: 혱 똑똑하다
钱 [qián]: 몡 돈
最近 [zuìjìn]: 뷔 최근, 요즘
打的 [dǎdī]: 동 택시를 잡다(타다)
后悔 [hòuhuǐ]: 동 후회하다

好吃 [hǎochī]: 혱 맛있다
不太 [bútài]: 뷔 그다지~하지 않다
学习 [xuéxí]: 동 공부하다
朋友 [péngyou]: 몡 친구
坚持 [jiānchí]: 동 꾸준히 지속하다
坐 [zuò]: 동 (교통수단을) 타다

실전연습

다음 빈칸에 적당한 단어를 넣어보세요.

虽然	否则	但是
비록 ~일지라도	그렇지 않으면	그러나, 하지만

1. 工作很重要, (但是)身体更重要。 일은 중요하다, 그러나 몸이 더 중요하다.

2. (虽然)你不同意, 但是我同意。 비록 네가 동의하지 않지만, 나는 동의한다.

3. 早点儿出发, (否则)会迟到。 일찍 좀 출발해, 그렇지 않으면 지각할 거야.

심화연습

1. 다음 빈칸에 들어갈 알맞은 말을 고르세요.

1) 他是中国人, (　)他说韩语说得很流利。 그는 중국인이다. 하지만 그는 한국어를 유창하게 말한다.
   ① 虽然　　② 可是　　③ 否则　　④ 免得

2) 你快点儿! (　)就赶不上车了! 빨리 움직여! 그렇지 않으면 지각할 거야!
   ① 但是　　② 不过　　③ 甚至　　④ 否则

3) 我很想去旅游, (　)没有时间。 나는 여행을 너무 가고 싶지만, 시간이 없다.
   ① 但是　　② 虽然　　③ 否则　　④ 因为

2. 주어진 단어들을 사용하여 문장을 배열해 보세요.

   我 / 很努力。/ 虽然…, 但是… / 不聪明　　나는 똑똑하지 않지만, 열심히 한다.

工作 [gōngzuò]: 명 일　　**身体** [shēntǐ]: 명 몸　　**同意** [tóngyì]: 동 동의하다
点儿 [diǎnér]: 부 좀　　**迟到** [chídào]: 동 지각하다　　**赶** [gǎn]: 동 쫓다, 탑승하다
努力 [nǔlì]: 동 노력하다　　**重要** [zhòngyào]: 형 중요하다　　**更** [gèng]: 부 더
早 [zǎo]: 부 일찍　　**出发** [chūfā]: 동 출발하다　　**流利** [liúlì]: 형 유창하다
聪明 [cōngming]: 형 똑똑하다

CHAPTER 51 인과복문 (因果复句)

 개념 이해

- **복문이란?**

  두 개 이상의 단문이 연결된 문장

- **인과복문이란?**

  두 개 이상의 단문이 연결되어 '원인과 결과'를 나타내는 문장

- **인과복문의 종류**

  ▶ 因为…, 所以…　　　　…때문에, 그래서 …다.
  ▶ 由于…, 所以/因此/因而…　…때문에, 그래서 …다.
  ▶ 既然…, 就…　　　　　기왕 …된 바에(이상), …한다.

 핵심 포인트

- **인과복문의 용법**

  因为 A , 所以 B 。
  A때문에, 그래서 B다.

  因为下雨了, **所以**我在家。
  yīnwèi xiàyǔle suǒyǐ wǒ zàijiā
  비가 오기 때문에 나는 집에 있다.

  因为考砸了, **所以**心情不好。
  yīnwèi kǎozá le suǒyǐ xīnqíng bùhǎo
  시험을 망쳐서 기분이 안 좋다.

由于 A , 所以/因此/因而 B 。
A때문에, 그래서 B다.

由于今天身体不舒服, 所以没上班。
yóuyú jīntiān shēntǐ bù shūfu suǒyǐ méi shàngbān
오늘 몸이 안 좋아서, 출근을 못했다.

既然 A , 就 B 。
기왕 A된 바에(이상), B한다.

既然要走, 就快走。
jìrán yào zǒu jiù kuài zǒu
기왕 갈 거면, 빨리 가.

既然开始了, 就做完。
jìrán kāishǐ le jiù zuòwán
기왕 시작한 이상 끝까지 다 한다.

[단어]

考 [kǎo]: 동 시험 보다
不好 [bùhǎo]: 형 안 좋다, 나쁘다
书面语 [shūmiànyǔ]: 명 서면어(서류상 또는 공식석상에서 쓰는 말)
身体 [shēntǐ]: 명 몸
不舒服 [bùshūfu]: 형 불쾌하다, 아프다
走 [zǒu]: 동 걷다, 가다, 떠나다

心情 [xīnqíng]: 명 심정, 감정, 기분, 마음
砸 [zá]: 동 부수다, 으스러뜨리다, 실패하다, 망치다
舒服 [shūfu]: 형 편하다
上班 [shàngbān]: 동 출근하다

실전연습

다음 빈칸에 적당한 단어를 넣어보세요.

就	因为	因此
그러면	~때문에, ~로 인하여	그래서

1. 既然已经买了, (就)不要后悔了。   이미 산 이상, 후회 하지 마.

2. 由于经常去出差, (因此)睡眠不足。   자주 출장 가기 때문에, 수면이 부족하다.

3. (因为)明天有考试, 所以熬夜了。   내일 시험이 있기 때문에, 밤을 샜다.

심화연습

1. 다음 빈칸에 들어갈 알맞은 말을 고르세요.

1) 因为天气不好, (　)计划取消了。 날씨가 안 좋아서 계획이 취소 되었다.
　① 所以　　② 因为　　③ 因而　　④ 就

2) (　)他不答应, 就不要求他了。 그가 승낙하지 않은 이상 더는 부탁하지 마.
　① 因为　　② 因而　　③ 就算　　④ 既然

3) (　)她身体不舒服, 所以没来上课。 그녀는 몸이 안 좋아서 학교에 오지 않았다.
　① 因为　　② 既然　　③ 因而　　④ 因此

2. 주어진 단어들을 사용하여 문장을 배열해 보세요.

已经 / 既然…, 就… / 不要再想了。/ 考砸了   이미 시험을 망친 이상 그만 생각해.

已经 [yǐjīng]: 图 이미　　**不要** [búyào]: 조동 ~하지 마라　　**经常** [jīngcháng]: 图 자주
睡眠 [shuìmián]: 명 수면　　**明天** [míngtiān]: 명 내일　　**熬夜** [áoyè]: 동 밤새다
取消 [qǔxiāo]: 동 취소하다　　**买** [mǎi]: 동 사다　　**后悔** [hòuhuǐ]: 동 후회하다
出差 [chūchāi]: 동 출장가다　　**不足** [bùzú]: 형 부족하다　　**考试** [kǎoshì]: 명 시험
计划 [jìhuà]: 명 계획　　**答应** [dāying]: 동 대답하다, 허락하다

CHAPTER 52 명사 심화

 개념 이해

- **명사란?**

  사물 또는 사람의 이름을 나타내는 단어

- **방위사(方位词)란?**

  방향과 위치를 나타내는 단어

  [명사 + 방위사]: 명사를 장소화 함으로써 '방면, 범위, 조건, 상황' 등을 나타낸다.

  ❶ 명사를 장소화 한다. 예 사무실 안, 책상 위
  ❷ '방면, 범위, 조건, 상황'등을 나타낸다. 예 [명사 + 上]   [명사 + 下]   [명사 + 中]
  　　　　　　　　　　　　　　　　　　　　　[측면, 방면]　　[조건]　　　[과정]

- **'시간'을 나타내는 단어 구분**

小时	时间	时候	点

 핵심 포인트

- **[명사 + 방위사]의 용법**

  在…上
  ~상에서
  (어떠한 측면을 나타낸다.)

  *자주 쓰는 단어:　原则　　问题　　事实　　基本
  　　　　　　　　yuánzé　wèntí　shìshí　jīběn
  　　　　　　　　원칙　　문제　　사실　　기본

  事实上这个计划失败了。
  shìshí shàng zhège jìhuà shībài le
  사실상 이 계획은 실패했다.

在…中
~중에
(어떠한 과정을 나타낸다.)

*자주 쓰는 단어:
- 学习 xuéxí 공부
- 生活 shēnghuó 생활
- 工作 gōngzuò 일, 업무

我在工作中有困难。
wǒ zài gōngzuò zhōng yǒu kùnnan
나는 업무 중에 어려움이 있다.

在…下
~하에
(어떠한 조건을 나타낸다.)

*자주 쓰는 단어:
- 帮助 bāngzhù 도움
- 支持 zhīchí 지지
- 努力 nǔlì 노력
- 教育 jiàoyù 교육

在你们的帮助下成功了。
zài nǐmen de bāngzhù xià chénggōng le
당신들의 도움으로 성공했다.

● '시간'을 나타내는 단어 구분

❶ 小时 [xiǎoshí]: ~시간 (시간단위)	一个小时 한 시간	两个小时 두 시간
❷ 时间 [shíjiān]: 시간 (명사)	你有时间吗? 너 시간 있니?	
❸ 时候 [shíhou]: 때, 시각, 무렵	那时候 그 시각, 그 때	吃饭的时候 밥 먹을 때
❹ 点 [diǎn]: ~시	1点 1시	12点 12시

[단어]
- 里 [lǐ]: 명 안
- 外 [wài]: 명 밖
- 在 [zài]: 전 ~에, ~에서
- 计划 [jìhuà]: 명 계획
- 失败 [shībài]: 동 실패하다
- 困难 [kùnnan]: 명 어려움, 곤란
- 过 [guo]: 조 ~한 적이 있다
- 大家 [dàjiā]: 대명 모두, 여러분(일정 범위 내의 모든 사람을 가리킨다.)
- 你们 [nǐmen]: 대명 너희들, 당신들
- 成功 [chénggōng]: 동 성공하다
- 吃饭 [chīfàn]: 동 밥을 먹다
- 工作 [gōngzuò]: 명 일, 업무

 **실전연습** 다음 빈칸에 적당한 단어를 선택하세요.

1. 在你的帮助(　)有了进步。 당신의 도움으로 발전이 있었다.

   ① 上　② 下

2. 我们聊了六个(　　)。 우리는 6시간을 이야기했다.

   ① 时间　② 小时　③ 点

 심화연습

1. 다음 빈칸에 들어갈 알맞은 말을 고르세요.

1) 在原则(　), 是不可以的。 원칙상으로는 안됩니다.
   ① 上　　② 下　　③ 中

2) 在班长的帮助(　), 我的成绩提高了。 반장의 도움으로 나의 성적은 향상 되였다.
   ① 上　　② 下　　③ 中

3) 再有三个(　)就能到家了。 3시간 더 있으면 집에 도착할 수 있다.
   ① 点　　② 小时　　③ 时间

2. 주어진 단어들을 사용하여 문장을 배열해 보세요.

   在…下, / 我 / 父母的支持 / 去留学了。 부모님의 지지 하에 나는 유학을 갔다.

帮助 [bāngzhù]: 명 도움　　**进步** [jìnbù]: 동 발전하다　　**原则** [yuánzé]: 명 원칙
提高 [tígāo]: 동 향상되다　　**有** [yǒu]: 동 있다　　**聊** [liáo]: 동 잡담하다
成绩 [chéngjì]: 명 성적　　**留学** [liúxué]: 동 유학하다

CHAPTER 53 동사 심화

 개념 이해

동사란? 움직임을 나타내는 단어
이합동사란? [동사 + 목적어]의 구조로 분리, 결합되는 동사
조동사란? 동사를 도와서 '가능, 당위, 바람'을 나타내는 단어

- **동사 vs 이합동사의 비교**

  ❶ 목적어의 유무 및 위치의 비교
  ❷ 동태조사와 함께 쓸 때 위치의 비교
   '**了**' ~했다 / '**着**' ~하고 있다 / '**过**' ~한 적 있다
  ❸ 동량보어, 시량보어와 쓰일 때 위치의 비교
   동량보어: 횟수를 나타내는 말 예) 한 번 먹다, 세 번 갔다
   시량보어: 시간의 양을 나타내는 말 예) 한 시간 동안 먹다, 이틀 동안 갔다

- **비슷한 의미의 조동사 비교**

  ❶ ~할 수 있다   **可以** vs **能** vs **会**
  ❷ ~할 것이다, 하고 싶다   **要** vs **想**

 핵심 포인트

- **동사와 이합동사의 특징 비교**

	동사	이합동사
목적어	[동사] + [목적어] 예) 吃 + 饭 밥을 먹다	▶ 목적어가 올 수 없다. *자체 목적어를 갖고 있다. ▶ 반드시 있어야 할 경우: 자체 목적어를 원하는 목적어로 대체한다. 예) 见面(O) / 见面他(X) → 见他(O)

동태조사
'了/着/过'
	[동사] + 了/着/过
	예) 吃了 먹었다
	  吃着 먹고 있다
	  吃过 먹어 봤다
		[동사 + 了/着/过 + 목적어]
		예) 见了面 만났다
		  见过面 만난 적 있다

동량보어 시량보어	[동사] + [동향/시량보어] 예) 吃了一次 한 번 먹었다 　　吃了一分钟 1분 동안 먹었다	[동사 + 동량/시량보어 + 목적어] 예) 见一次面 한 번 만난다 　　见一分钟面 1분 동안 만난다

- **비슷한 의미의 조동사 비교**

[주어] + [조동사] + [동사] + [목적어]

❶ ~할 수 있다

能 néng	능력	能说 말할 수 있다 (말할 수 있는 힘, 능력이 있다)
会 huì	경험, 습득	会说 말할 수 있다 (배워서 말할 줄 안다)
可以 kěyǐ	허락, 허가	可以说 말할 수 있다 (말할 수 있는 상황이다)

❷ ~하고 싶다

要 yào　　↔　　不用 bú yòng
~하고 싶다, ~하려고 한다, ~해야 한다　　~할 필요 없다

想 xiǎng　　↔　　不想 bù xiǎng
~하고 싶다　　~하고 싶지 않다

핵심 체크

- [동사]+了: ~했다
- [동사]+着: ~한 채로 있다
- [동사]+过: ~한 적 있다
- 会 [huì]: ~할 수 있다, ~할 줄 안다, ~할 것이다.
- 不要 [búyào]: ~하지 마라, ~해서는 안 된다

 **실전연습** 다음 괄호 안의 문법 사항을 적용해 문장을 바꿔보세요.

1. 我跟他见面。
   나는 그와 만난다.
   → 나는 그와 한 번 만난 적 있다. (동량보어)
   我跟他见过一次面。
   이합동사 见面 [jiànmiàn] 만나다: 见(보다) + 面(얼굴)

2. 我们商量吧。
   우리 상의합시다.
   → 우리 상의 좀 합시다. (중첩)
   我们商量商量吧。
   2음절 동사의 중첩 [ABAB].
   동사를 두 번 반복하여 어감을 가볍게 하거나
   시도의 의미를 나타낸다.
   예) 좀 ~해보다, 한 번 ~하다

 심화연습

1. 다음 빈칸에 들어갈 알맞은 말을 고르세요.

1) 我们俩聊(　)一次天。 우리 둘은 얘기를 나눈 적이 있다.
   ① 过　　② 着　　③ 了　　④ 过了

2) 你去(　)吧! 좀 휴식하세요!
   ① 休息休息　② 休休息息　③ 息息休休　④ 休息了

3) 你(　)提一个建议吗? 건의 좀 주실 수 있나요?
   ① 能　　② 会　　③ 不会　　④ 没会

2. 주어진 단어들을 사용하여 문장을 배열해 보세요.

   不用 / 来 / 你 / 接我。/ 机场　　당신은 공항에 와서 나를 데려갈 필요가 없다.

商量 [shāngliang]: 통 의논하다　　**一次** [yícì]: 한 번
聊天 [liáotiān]: 통 잡담하다, 수다떨다　　**提建议** [tíjiànyì]: 통 건의하다

CHAPTER 54 형용사 심화

 개념 이해

- **형용사란?**

    사람 또는 사물의 '모습, 상태, 성질'을 나타내는 단어

- **형용사 술어문의 기본 형식**

    주어 + *很 + 형용사 + 목적어(✕) 예 我是漂亮。(✕) → 我很漂亮。(○)
    *很 [hěn]: 부 '아주, 매우'라는 의미로 형용사 술어문에서 습관적으로 쓰인다.

- **형용사의 중첩**

    ❶ 같은 형용사를 두 번 반복하여 의미를 강조한다.
    ❷ 형식: AA 또는 AABB

 핵심 포인트

- **형용사 술어문의 특징**

    주어 + (很) + 형용사
    형용사 앞에 습관적으로 '很'을 붙인다.

    오늘은 춥다.
    今天冷。 → 今天很冷。

    송 선생님은 예쁘다.
    송老师漂亮。 → 송老师很漂亮。

- **동사 vs 형용사 중첩 비교**

	동사	형용사
형식	[AA / ABAB]	[AA / AABB]
의미	좀 ~해보다, 한 번 ~하다	매우 ~하다

- **동사/형용사 두 뜻이 있는 단어**

轻松
qīngsōng

동 편하게 하다, 긴장을 풀다.
轻松轻松
긴장을 좀 풀다

형 수월하다, 가볍다.
轻轻松松
매우 가볍다, 매우 수월하다

凉快
liángkuai

동 시원(서늘)하게 하다.
凉快凉快
좀 시원하게 하다.

형 시원하다, 서늘하다.
凉凉快快
매우 시원하다

핵심 체크

- **동사의 중첩:** 같은 동사를 두 번 반복하여 의미가 약해지거나 시도의 의미를 나타낸다. (좀 ~해보다, 한 번 ~하다)
- **형용사의 중첩:** 같은 형용사를 두 번 반복하여 의미를 강조한다. (매우 ~하다)

[단어]
冷 [lěng]: 형 춥다
有点儿 [yǒudiǎnr]: 부 조금, 약간
轻松 [qīngsōng]: 형 수월하다, 가볍다 동 홀가분하다, 가뿐하다, 긴장을 풀다
凉快 [liángkuai]: 형 시원하다 동 시원하게 하다
不太 [bútài]: 부 그다지 ~지 않다
非常 [fēicháng]: 부 대단히, 매우

 **실전연습** 다음 틀린 문장을 고치세요.

1. 我是很漂亮。 → 我很漂亮。
   나는 예쁘다.

2. 我胖。 → 我很胖。
   나는 뚱뚱하다.

3. 洗完澡感到轻松轻松。 → 洗完澡感到轻轻松松。
   샤워를 다 끝내니 매우 가뿐하다.

 심화연습

1. 다음 빈칸에 들어갈 알맞은 말을 고르세요.

   1) 我的男朋友( )帅。 나의 남자친구는 잘생겼다.
      ① 不是 ② 是很 ③ 很 ④ 没有

   2) 我们去外面( )吧! 우리 밖에 나가서 바람 좀 쐬자!
      ① 凉快 ② 凉快凉快 ③ 凉凉快快 ④ 很凉快

   3) 他做事总是( )。 그는 뭘 하든 늘 데면데면하다.
      ① 马虎马虎 ② 马虎 ③ 马马虎虎 ④ 是马虎

2. 주어진 단어들을 사용하여 문장을 배열해 보세요.

   凉快。 / 很 / 今天   오늘은 매우 시원하다.

漂亮 [piàoliang]: 형 예쁘다
轻松 [qīngsōng]: 형 수월하다, 가볍다
感到 [gǎndào]: 동 느끼다
洗澡 [xǐzǎo]: 동 샤워하다
胖 [pàng]: 형 뚱뚱하다
马虎 [mǎhu]: 형 데면데면하다, 세심하지 못하다

CHAPTER 55 부사 심화

 개념 이해

- **부사란?**

  동사와 형용사를 더 자세히 설명하고 꾸며주는 말

- **비슷한 의미의 부사 비교**
  1. 조금   **有点儿** vs **一点儿**
  2. 또   **再** vs **又**
  3. 계속   **一直** vs **从来**
  4. 부정   **不** vs **没**

 핵심 포인트

- **비슷한 의미의 부사 비교**

  1. 조금, 약간

	一点儿 yìdiǎnr	有点儿 yǒudiǎnr
형식	[동사/형용사 + 一点儿]	有点儿 + 동사/형용사
의미	▶ 객관적 사실 예 买了一点儿水果 과일을 좀 샀다	▶ 주관적 생각, 의견 예 衣服有点儿大 옷이 좀 크다

  2. 또, 다시

	再 zài	又 yòu
의미	▶ 미래 예 再见 (후에) 다시 만나다	▶ 과거 예 又见了 또 만났다

❸ 계속, 여태껏

	一直 yìzhí	从来 cónglái
의미	▶ 방향이 바뀌지 않는다. ㉠ 一直走 　계속 가다 ▶ 시간이 변하지 않음을 의미한다. ㉠ 一直在家 　계속 집에 있다	▶ 부정형 문장에 쓰인다. ㉠ 从来没见过 　여태껏 만난 적 없다

❹ 아니다, 없다

	不 bù	没 méi
대상	▶ 형용사 부정 ㉠ 不好吃 　맛이 없다 ▶ 동사 부정 (미래, 현재) ㉠ 不吃 　안 먹는다	▶ 명사 부정 ㉠ 没钱 　돈이 없다 ▶ 동사 부정 (과거) ㉠ 没吃 　먹지 않았다

[단어]　往 [wǎng]: 젠 ~로 향하다　　　　走 [zǒu]: 동 가다
　　　　在家 [zàijiā]: 집에 있다　　　　　见过 [jiànguo]: 만난 적 있다
　　　　再见 [zàijiàn]: 또 만나요, 안녕히 계세요　来了 [láile]: 왔다
　　　　明天再来 [míngtiān zàilái]: 내일 다시 오다

실전연습

다음 빈칸에 적당한 단어를 넣어보세요.

有点儿	从来	又
조금	지금까지, 여태껏	또

1. 你怎么(又)玩儿游戏呢?　너 왜 또 게임하니?

2. 我(从来)没去过中国。　나는 여태껏 중국에 가본 적이 없다.

3. 她做的菜(有点儿)辣。　그녀가 만든 요리는 조금 맵다.

심화연습

1. 다음 빈칸에 들어갈 알맞은 말을 고르세요.

    1) 我(　)饿了。 나는 배가 조금 고프다.
       ① 有点儿　② 一点儿　③ 总是　④ 经常

    2) 你刚才说的话我(　)听见。 네가 방금 한 말을 못 들었어.
       ① 不要　② 不想　③ 没　④ 不

    3) 我(　)都没相信过他。 나는 여태껏 그를 믿은 적이 없어.
       ① 从来　② 又　③ 一点儿　④ 有时

2. 주어진 단어들을 사용하여 문장을 배열해 보세요.

    一直 / 上学。 / 坐公交 / 我　　나는 늘 버스를 타고 학교에 간다.

怎么 [zěnme]: 어째서　　**游戏** [yóuxì]: 명 게임　　**菜** [cài]: 명 요리
相信 [xiāngxìn]: 동 믿다　　**玩儿** [wánr]: 동 놀다　　**做** [zuò]: 동 만들다
辣 [là]: 형 맵다　　**一直** [yìzhí]: 부 계속해서, 늘, 쭉

CHAPTER 56 전치사 심화

 개념 이해

- **전치사란? (= 개사)**

  명사 앞에서 동작이나 행위가 일어난 '시간, 장소, 방식 등'을 나타내는 단어

- **기본 형식**

  [**전치사**] + [명사]   예) 도서관에서, 엄마와, 3시부터

- **전치사의 종류**

  ▶ 지난 시간 배운 전치사

在 + [장소]	给 + [대상]
[장소]에서	[대상]에게

  ▶ 오늘의 전치사

关于 guānyú	根据 gēnjù	向 xiàng
~에 관하여(관해서)	~에 기초하여, 근거하여	~을(를) 향하여

 핵심 포인트

- **전치사의 용법**

  关于 + [A]
  ~에 관하여

  *반드시 주어 앞에 쓰인다.

  关于问题   关于书
  guānyú wèntí   guānyú shū
  문제에 관하여   책에 관하여

根据 + [A]
~에 근거(기초)하여

根据情况
gēnjù qíngkuàng
상황(정황)에 근거하여

根据了解
gēnjù liǎojiě
아는 것에 기초하여 (근거하여)

根据事实
gēnjù shìshí
사실에 근거하여

向 + [A]
~을(를) 향하여

向他道歉
xiàngtā dàoqiàn
그에게 사과하다

向他表示
xiàngtā biǎoshì
그에게 표현하다 (나타내다)

向他学习
xiàngtā xuéxí
그에게 배우다

向他要
xiàngtā yào
그에게 얻어내다

向他点头
xiàngtā diǎntóu
그에게 고개를 끄덕이다

[단어]

情况 [qíngkuàng]: 명 상황, 형편, 사정
事实 [shìshí]: 명 사실
表示 [biǎoshì]: 동 나타내다, 표현하다, 표시하다
点头 [diǎntóu]: 동 (허락, 찬성, 납득, 인사의 표시로) 고개를 끄덕이다.

了解 [liǎojiě]: 명 알고 있는 것
道歉 [dàoqiàn]: 동 사과하다, 사죄하다
谢意 [xièyì]: 명 감사의 뜻(사의)

실전연습　다음 빈칸에 적당한 단어를 넣어보세요.

关于	根据	向
~관하여	~에 근거하여	~을 향하여

1. 我(向)你道歉。　　　　　　　　　내가 너에게 사과할게.

2. (根据)我的了解，肯定是他干的。　나의 이해에 근거하면 분명 그가 한 것이 틀림없다.

3. (关于)这个问题，有很多意见。　이 문제에 관해 많은 의견이 있다.

심화연습

1. 다음 빈칸에 들어갈 알맞은 말을 고르세요.

1) 他(　)我点头，表示感谢。 그는 나를 향해 머리를 끄덕이며 감사의 마음을 표시했다.
   ① 像　　② 向　　③ 想　　④ 相

2) (　)我的了解，他不会这么做。 내가 알기로 그는 이렇게 하지 않을 것이다.
   ① 根据　　② 向　　③ 对于　　④ 关于

3) (　)这件事，你有什么看法？ 이 일에 관해서, 너는 어떻게 생각하니?
   ① 根据　　② 关于　　③ 向　　④ 据

2. 주어진 단어들을 사용하여 문장을 배열해 보세요.

这件事， / 关于 / 向你 / 如何 / 我不知道 / 解释。　이 일에 대해서 어떻게 너에게 설명해야 할지 모르겠다.

道歉 [dàoqiàn]: 동 사과하다
意见 [yìjiàn]: 명 의견
干 [gàn]: 동 하다
如何 [rúhé]: 어떻게
肯定 [kěndìng]: 형 틀림없다
看法 [kànfǎ]: 명 견해, 주장
很多 [hěnduō]: 매우 많은
问题 [wèntí]: 명 문제
了解 [liǎojiě]: 명 알고 있는 것
根据 [gēnjù]: 동 근거하다

56. 전치사 심화

CHAPTER 57 문장어순 총정리

 개념 이해

- 중국어의 문장 구조는?

  주어 + (부사/조동사/전치사) + 술어(동사/형용사) + 목적어

- 명사 수식 구조는?

  주어 + 수량 + 어떤 + 명사   예) 나의 한 명의 예쁜 빨간 옷 입은 친구

- 복잡한 어순

  ❶ 조금 不都 vs 都不
  ❷ 조금 不可以 vs 可以不

 핵심 포인트

- 명사 수식 구조

  주어(누구) + 수량(몇 개) + 어떤 + 명사

  ### 她的一个非常贵的钱包
  tā de yígè fēicháng guì de qiánbāo
  그녀의 한 개의 매우 비싼 지갑

  ### 我们学校的两位35岁的老师
  wǒmen xuéxiào de liǎngwèi sānshíwǔsuì de lǎoshī
  우리 학교의 두 분의 35세 선생님

- **명복잡한 어순**

都不 vs 不都
전체 부정　부분 부정

我们都不喜欢他。
wǒmen dōu bù xǐhuan tā
우리 모두 그를 좋아하지 않는다.

我们不都喜欢他。
wǒmen bù dōu xǐhuan tā
우리가 모두 그를 좋아하는 게 아니다.

可以不 vs 不可以
안 해도 된다　하면 안 된다

你可以不去。
nǐ kěyǐ búqù
너는 안 가도 돼.

你不可以去。
nǐ bù kěyǐ qù
너는 가면 안 돼.

[단어]

非常 [fēicháng]: 〔부〕 매우, 굉장히
钱包 [qiánbāo]: 〔명〕 지갑
学校 [xuéxiào]: 〔명〕 학교
两位 [liǎngwèi]: 두 분
贵 [guì]: 〔형〕 비싸다
我们 [wǒmen]: 〔대명〕 우리
老师 [lǎoshī]: 〔명〕 선생님

 **실전연습** 다음 문장을 중국어로 바꿔 보세요.

1. 남자친구 사진 한 장 → 一张男朋友的照片。
   명사 수식 구조는 [주어 + 수량 + 어떤 + 명사]

2. 말 안 해도 된다. → 可以不说。
   [可以 + 不] 안 해도 된다 / [不 + 可以] 하면 안 된다

3. 우리가 모두 매운 거 먹는 것을 좋아하는 건 아니야. → 我们不都喜欢吃辣的。
   [都 + 不] 전체 부정 / [不 + 都] 부분 부정

 **심화연습**

1. 다음 빈칸에 들어갈 알맞은 말을 고르세요.

1) 你(　)不吃。안 먹어도 된다.
   ① 可以　　② 能　　③ 会　　④ 会不

2) 我们(　)想学这个。우리가 모두 이것을 배우고 싶은 게 아니다. (부분부정)
   ① 不都　　② 都没　　③ 可以　　④ 都不

3) 我们(　)想去。우리 모두 가고 싶지 않다. (전체부정)
   ① 都不　　② 不会　　③ 可以　　④ 不都

2. 주어진 단어들을 사용하여 문장을 배열해 보세요.

书。/ 著名的 / 一本 / 非常 / 这是　　이 책은 매우 유명한 책이다.

男朋友 [nánpéngyou]: 명 남자친구
我们 [wǒmen]: 대명 우리
著名 [zhùmíng]: 형 저명하다, 유명하다
说 [shuō]: 동 말하다
吃 [chī]: 동 먹다
一张 [yì zhāng]: 한 장
辣的 [làde]: 명 매운 것
照片 [zhàopiàn]: 명 사진
都 [dōu]: 부 모두

CHAPTER 58
HSK기출문제 1

총 300점 만점에 180점이상 합격
2년 유효

 개념 이해

- **HSK 3급**

  HSK란? [汉语水平考试 Hànyǔ Shuǐpíng Kǎoshì]
  중국어 능력을 평가할 목적으로 시행하는 중국어 능력 표준화 시험

- **HSK 3급 구성**

  대상: 120~180시간을 학습 / 600개의 상용 어휘와 관련 어법 지식을 습득한 자
  ▶ **듣기:** [총 4부분] 40문항 / 35분
  ▶ **독해:** [총 3부분] 30문항 / 30분
  ▶ **쓰기:** [총 2부분] 10문항 / 15분

- **HSK 3급 문제 유형**

  유형 1 보기를 보고 빈칸에 알맞은 한자 고르기
  유형 2 주어진 단어로 문장 완성하기
  유형 3 병음을 한자로 쓰기

 핵심 포인트

- **HSK 3급 기출문제**

  유형 1 보기를 보고 빈칸에 알맞은 한자 고르기

  A. 寒假 B. 满意 C. 件 D. 光 E. 挺

  ❶ 我对结果很(满意)。
  wǒ duì jiéguǒ hěn mǎnyì
  나는 결과에 대해 매우 만족한다.

  很 [hěn]: 〖부〗 매우
  형용사 앞에 의미 없이 습관적으로 쓰인다.

❷ **这(件)衣服的价格是100元。**
zhèjiàn yīfu de jiàgé shì yìbǎi yuán
이 옷의 가격은 100위안이다.

这 [zhè]: 때명 이, 이것
衣服 [yīfu]: 명 옷

❸ **我买的小说(挺)有意思。**
wǒ mǎi de xiǎoshuō tǐng yǒuyìsi
내가 산 소설은 꽤 재미있다.

小说 [xiǎoshuō]: 명 소설
有意思 [yǒuyìsi]: 형 재미있다

❹ **妈妈做的饺子我都吃(光)了。**
māma zuòde jiǎozi wǒ dōu chī guāng le
엄마가 만든 물만두를 내가 다 먹어치웠다.

吃 [chī]: 동 먹다
吃光 [chīguāng]: 다 먹어 버리다
花 [huā]: 동 (돈, 시간) 쓰다
花光 [huāguāng]: 전부 써 버리다

❺ **这个(寒假)你打算做什么?**
zhège hánjià nǐ dǎsuàn zuò shénme
이번 겨울 방학 때 너는 무엇을 할 계획이니?

打算 [dǎsuàn]: 동 계획하다

 **실전연습** 다음 빈칸에 적당한 단어를 넣어보세요.

在	遍	服务员	打针
~에서 (전치사) ~에 있다 (동사)	번, 회 (양사)	종업원 (명사)	주사를 맞다 (동사)

1. 我能再说一(遍)吗?   제가 다시 한번 말할 수 있나요?

2. 这里的(服务员)很热情。   이곳의 종업원은 친절하다.

3. 我妹妹(在)房间里做作业。   나의 여동생은 방에서 숙제를 한다.

4. 我身体不舒服,我要去医院(打针)。   나는 몸이 좋지 않아서, 병원에 가서 주사를 맞겠다.

能 [néng]: 조동 ~할 수 있다   **说** [shuō]: 동 말하다   **热情** [rèqíng]: 형 열정적이다, 친절하다
房间 [fángjiān]: 명 방   **身体** [shēntǐ]: 명 몸   **要去** [yàoqù]: 가야 한다
再 [zài]: 부 다시   **这里** [zhèlǐ]: 대명 이곳   **妹妹** [mèimei]: 명 여동생
作业 [zuòyè]: 명 숙제   **不舒服** [bùshūfu]: 형 아프다, 불편하다   **医院** [yīyuàn]: 명 병원

CHAPTER 59 HSK기출문제 2

총 300점 만점에 180점이상 합격
2년 유효

 개념 이해

- **HSK 3급**

    HSK란? [汉语水平考试 Hànyǔ Shuǐpíng Kǎoshì]
    중국어 능력을 평가할 목적으로 시행하는 중국어 능력 표준화 시험

- **HSK 3급 구성**

    대상: 120~180시간을 학습 / 600개의 상용 어휘와 관련 어법 지식을 습득한 자
    ▶ 듣기: [총 4부분] 40문항 / 35분
    ▶ 독해: [총 3부분] 30문항 / 30분
    ▶ 쓰기: [총 2부분] 10문항 / 15분

- **HSK 3급 문제 유형**

    유형 1 보기를 보고 빈칸에 알맞은 한자 고르기
    유형 2 주어진 단어로 문장 완성하기
    유형 3 병음을 한자로 쓰기

 핵심 포인트

- **HSK 3급 기출문제**

    유형 2 주어진 단어로 문장 완성하기

    ❶ 成绩 / 好 / 非常 / 她的 ↓

    > **她的成绩非常好。**
    > tāde chéngjì fēicháng hǎo
    > 그녀의 성적은 매우 좋다.

    주어 + (부사/조동사/전치사) + 술어 + (목적어)

    的 [de]: 조 ~의 (명사를 수식한다.)   非常 [fēicháng]: 부 매우, 굉장히
    好 [hǎo]: 형 좋다, 훌륭하다

❷ 女孩子 / 沙发上 / 一个 / 坐着 ↓

沙发上坐着一个**女孩子**。
shāfā shang zuòzhe yígè nǚ háizi
소파 위에 한 명의 여자아이가 앉아 있다.

존현문의 용법: 장소/시간 + 동사 + 불특정 대상

❸ 了 / 儿子 / 毕业 / 要 ↓

儿子**要**毕业**了**。
érzi yào bìyè le
아들은 곧 졸업한다.

임박태의 용법: 要 + 상황/행동 + 了。(곧 ~하려고 한다.)

儿子 [érzi]: 명 아들
要 [yào]: 동 희망하다, 원하다, 필요하다. 조동 ~해야 한다
了 [le]: 조 동사 뒤에 쓰여 동작 또는 변화가 이미 완료되었음을 나타낸다.

❹ 冰箱里 / 了 / 蛋糕 / 我 / 把 / 放在 ↓

我把蛋糕**放在**冰箱里了。
wǒ bǎ dàn'gāo fàngzài bīngxiāng lǐ le
나는 케이크를 냉장고 안에 놓아두었다.

'把'자문의 용법: 주어 + 把목적어 + 동사 + (기타성분)

冰箱里 [bīngxiāng lǐ]: 명 냉장고 안   蛋糕 [dàn'gāo]: 명 케이크
把 [bǎ]: 전 을, 를   放在 [fàngzài]: ~에 두다(놓다)

핵심 체크

- **전치사 = 개사(介词):** 명사 앞에 쓰여 동작, 행위가 일어난 '시간, 장소, 방식 등'을 나타낸다.
- **전치사 구:** [전치사] + [명사]

❺ 公园 / 我 / 自行车 / 去 / 骑 ↓

> **我去公园骑自行车。**
> wǒ qù gōngyuán qí zìxíngchē
> 나는 공원에 가서 자전거를 탄다.

연동문의 용법: 주어 + [동사1] + 목적어 + [동사2] + 목적어

 **실전연습**   다음 어순을 올바르게 배열해보세요.

1. 형은 마트에서 바나나를 산다.

哥哥	香蕉	超市	买	在
형,오빠	바나나	마트	사다	~에서

➡ 哥哥在超市买香蕉。

2. 나는 북경에 한번 가보고 싶다.

北京	看看	我	去	想
북경	한 번 보다	나	가다	~하고 싶다

➡ 我想去北京看看。

3. 여동생은 언니보다 더 똑똑하다. / 언니는 여동생보다 더 똑똑하다.

聪明	妹妹	更	姐姐	比
똑똑하다	여동생	더	누나, 언니	~보다

➡ 妹妹比姐姐更聪明。 / 姐姐比妹妹更聪明。

CHAPTER 60

HSK기출문제 3

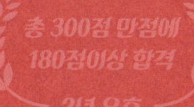

총 300점 만점에
180점이상 합격
2년 유효

개념 이해

- **HSK 3급**

    HSK란? [汉语水平考试 Hànyǔ Shuǐpíng Kǎoshì]
    중국어 능력을 평가할 목적으로 시행하는 중국어 능력 표준화 시험

- **HSK 3급 구성**

    대상: 120~180시간을 학습 / 600개의 상용 어휘와 관련 어법 지식을 습득한 자
    ▶ **듣기**: [총 4부분] 40문항 / 35분
    ▶ **독해**: [총 3부분] 30문항 / 30분
    ▶ **쓰기**: [총 2부분] 10문항 / 15분

- **HSK 3급 문제 유형**

    유형 1 보기를 보고 빈칸에 알맞은 한자 고르기
    유형 2 주어진 단어로 문장 완성하기
    유형 3 병음을 한자로 쓰기

핵심 포인트

- **HSK 3급 기출문제**

    유형 3 보기를 보고 빈칸에 알맞은 한자 고르기

A. 张	B. 一下	C. 重要	D. 灯
(양사)장	(동량사)좀 ~해보다	(형용사)중요하다	(명사)등

    ① 不要忘记关(灯)。
    búyào wàngjì guān dēng
    등(불) 끄는 것을 잊지 마라.

❷ **钱包里有两(张)信用卡。**
qiánbāo lǐ yǒu liǎngzhāng xìnyòngkǎ
지갑 안에 두 장의 신용카드가 있다.

信用卡 [xìnyòngkǎ]: 몡 신용카드
钱包 [qiánbāo]: 몡 지갑
有 [yǒu]: 동 있다

❸ **明天有考试, 我要回家复习(一下)。**
míngtiān yǒu kǎoshì wǒ yào huíjiā fùxí yíxià
내일 시험이 있어서, 나는 집에 가서 복습 좀 할 것이다.

明天 [míngtiān]: 몡 내일
考试 [kǎoshì]: 몡 시험
回家 [huíjiā]: 동 집에 가다

❹ **这次会议非常(重要)。**
zhècì huìyì fēicháng zhòngyào
이번 회의는 매우 중요하다.

핵심 체크

- **[동사] + 一下**: 좀 ~해보다, 한 번 ~하다
- **명량사의 구조**: [숫자 + 양사 + 명사]

[단어]
次 [cì]: 양 번, 회, 차례
非常 [fēicháng]: 부 매우, 대단히
挺 [tǐng]: 부 꽤, 매우
会议 [huìyì]: 몡 회의
太 [tài]: 부 매우, 너무

 **실전연습**

1. 다음 빈칸에 적당한 단어를 넣어보세요.

新鲜	地方
신선하다 (형용사)	곳, 장소 (명사)

1) 你的商店在什么(地方)?　　너의 상점은 어느 곳에 있니?

2) 我买的水果很(新鲜)。　　내가 산 과일은 매우 신선하다.

2. 다음 어순을 올바르게 배열해보세요.

1) 그녀는 이름을 매우 작게 쓴다.

她	很小	写	名字	得
그녀	매우 작다	쓰다	이름	[정도보어]

➡ 她名字写得很小。

商店 [shāngdiàn]: 명 상점, 가게
什么 [shénme]: 어떤, 무슨
买的 [mǎide]: 산
很 [hěn]: 부 매우
新鲜 [xīnxiān]: 형 신선하다

在 [zài]: 전 ~에서
地方 [dìfang]: 명 곳
水果 [shuǐguǒ]: 명 과일
在 [zài]: 전 ~에 있다

Answer
答案

01 명사
1. 1) ③ 里 2) ③ 宾馆里 3) ① 衬衫
2. 我在星期日去了图书馆。 나는 일요일에 도서관에 갔다.

02 대명사
1. 1) ④ 咱们 2) ② 这么 3) ③ 您
2. 今天咱们在这里休息吧。 오늘 우리는 여기에서 휴식하자.

03 수사
1. ② 八零九 2) ① 十多岁 3) ② 第一名
2. 她看起来才3岁多。 그녀는 겨우 3살밖에 안 돼 보인다.

04 양사
1. 1) ④ 条 2) ① 两只小猫 3) ③ 两份
2. 她送了我一双鞋。 그녀는 신발 한 켤레를 나에게 선물해 주었다.

05 동사
1. 1) ② 没 2) ② 希望 3) ② 不
2. 我准备结婚。 나는 결혼 준비를 한다.

06 동사중첩
1. 1) ③ 休息休息 2) ③ 考虑考虑 3) ① 尝尝
2. 你们等等我！ 너희들 나 좀 기다려!

07 이합동사
1. 1) ① 开我的玩笑 2) ② 聊聊天 3) ① 游游泳
2. 咱们一起去游泳吧！ 우리 같이 수영하러 가자!

08 이중목적어
1. 1) ① 教 2) ② 还 3) ④ 告诉
2. 朋友们叫我小明。 친구들은 나를 小明이라고 부른다.

09 형용사
1. 1) ③ 不 2) ① 累 3) ① 高高兴兴
2. 这双鞋不贵。 이 신발은 비싸지 않다.

10 문장구조1
1. 1) ① 不 2) ① 教 3) ② 酸酸的
2. 咱们一起去那儿休息休息吧。 우리 함께 저쪽으로 가서 좀 쉬자.

11 부사
1. 1) ④ 突然　2) ② 到底　3) ① 有点儿
2. 我们一起去市场了。우리는 같이 시장에 갔다.

12 조동사
1. 1) ④ 应该　2) ③ 不能　3) ③ 敢
2. 她很小就会做饭。그녀는 아주 어렸을 때부터 요리할 줄 알았다.

13 전치사
1. 1) ② 从　2) ① 为了　3) ③ 给
2. 我跟她在机场见面。나는 그녀와 공항에서 만난다.

14 문장구조2
1. 1) ① 想给　2) ③ 常常在　3) ① 从
2. 你敢在半夜一个人出去吗？너는 감히 심야에 혼자 나갈 수 있어?

15 동태조사 了
1. 1) ② 睡了　2) ③ 运动　3) ② 吃饭
2. 我买了一辆车。나는 자동차 한 대를 샀다.

16 동태조사 过
1. 1) ④ 没吃过　2) ④ 没去过　3) ① 听说过
2. 我去过电影院。나는 영화관에 가봤다.

17 동태조사 着
1. 1) ④ 看着　2) ② 穿着　3) ④ 吃着
2. 她正在看着一本中文小说。그녀는 중국어 소설을 보고 있다.

18 구조조사 的
1. 1) ① 我爸爸的　2) ① 来的　3) ① 可爱的
2. 明天的考试是最难的数学。내일의 시험은 가장 어려운 수학이야.

19 구조조사 地
1. 1) ③ 地　2) ① 过得　3) ② 的
2. 她很快地写完了作业。그녀는 빠르게 숙제를 끝냈다.

20 구조조사 得
1. 1) ③ 得　2) ① 得　3) ③ 得
2. 他家的包子卖得特别好。그 가게의 만두는 아주 잘 팔린다.

21 의문문	1.	1) ① 吧　　2) ② 还是　　3) ③ 不
	2.	你想吃披萨还是炸酱面？너는 피자를 먹고 싶어 짜장면을 먹고 싶어?
22 의문대명사	1.	1) ① 谁　　2) ① 为什么　　3) ④ 在哪儿
	2.	你一会儿去哪儿玩儿？너 이따가 어디로 놀러 갈 거니?
23 반어문	1.	1) ③ 谁说　　2) ③ 难道　　3) ① 什么
	2.	你怎么能这样对我？네가 나한테 어떻게 이럴 수 있어?
24 be동사	1.	1) ① 在　　2) ④ 是　　3) ① 有
	2.	她是韩国的歌手吗？그녀는 한국의 가수입니까?
25 연동문	1.	1) ② 去　　2) ① 看　　3) ③ 没
	2.	我学过做中国菜。나는 중국 요리 만드는 것을 배운 적이 있다.
26 연동문 有	1.	1) ③ 没有　　2) ② 没有　　3) ① 有
	2.	你有信心成功吗？너는 성공할 자신이 있어?
27 겸어문	1.	1) ④ 请　　2) ② 派　　3) ③ 要求
	2.	老师让我认真完成作业。 선생님께서는 나에게 숙제를 열심히 완성하라고 하셨다.
28 존현문	1.	1) ① 坐在　　2) ② 坐着　　3) ③ 在
	2.	我的笔筒里有很多笔。내 필통 안에는 펜이 많다.
29 비교문 比	1.	1) ① 更　　2) ① 大五岁　　3) ① 一点儿
	2.	昨天比今天热。어제는 오늘보다 덥다.
30 비교문 有	1.	1) ② 没　　2) ① 比　　3) ② 那么
	2.	他没有你这么高。그는 너만큼 키가 이렇게 크지 않다.

31 비교문 跟

1. 1) ② 一样大   2) ③ 更高   3) ③ 没有
2. 妈妈和爸爸的性格一样好。 엄마와 아빠의 성격은 똑같이 좋다.

32 결과보어

1. 1) ① 光   2) ① 干净   3) ④ 完
2. 你听懂他的话了吗？ 너 그의 말을 알아들었어?

33 방향보어1

1. 1) ① 跑   2) ① 来   3) ④ 过去
2. 小明回北京去了。 小明은 북경으로 돌아갔다.

34 방향보어2

1. 1) ② 听起来   2) ① 听出来   3) ② 脱下来
2. 老师讲的你记下来了吗？ 너 선생님께서 강의하신 것을 필기해 놓았니?

35 가능보어

1. 1) ① 得   2) ② 动   3) ① 下
2. 你看得懂中文小说吗？ 너는 중국어 소설을 알아볼 수 있니?

36 동량보어

1. 1) ① 遍   2) ③ 趟   3) ① 次
2. 我一天吃三顿。 나는 하루에 세 끼를 먹는다.

37 시량보어

1. 1) ④ 一个小时   2) ② 三十分钟   3) ② 你三个小时
2. 我学了两年汉语了。 나는 중국어를 배운 지 2년이 됐다.

38 보어 총정리

1. 1) ① 过   2) ④ 光   3) ① 跑不动
2. 我想起来他是谁了！ 그가 누구인지 생각이 났다!

39 '把'자문

1. 1) ① 把   2) ② 把   3) ③ 把
2. 请把雨伞借给我。 저에게 우산을 빌려주세요.

40 '被'자문

1. 1) ① 把   2) ② 被   3) ④ 被
2. 我的衣服被雨淋湿了。 내 옷이 비에 젖었다.

41 임박태	1.	1) ② 就要 2) ① 就要 3) ② 就要
	2.	辣得我要流鼻涕了。 나는 매워서 막 콧물이 흐를 것 같다.
42 시제 총정리	1.	1) ③ 穿了 2) ② 穿过 3) ① 要穿
	2.	外面正在下雨。 밖에 비가 오고 있다.
43 병렬복문	1.	1) ① 一边…, 一边… 2) ③ 既…又… 3) ② 一会儿…, 一会儿…
	2.	小丽一边唱歌一边跳舞。 小丽는 노래를 부르면서 춤을 춘다.
44 순접복문	1.	1) ① 一…, 就… 2) ② 先…, 再… 3) ④ 一…, 就…
	2.	门铃响了, 于是我开了门。 초인종이 울려서 나는 문을 열었다.
45 점층복문	1.	1) ① 而且 2) ③ 不但没 3) ① 甚至
	2.	这里不仅安静, 而且空气新鲜。 여기는 조용할 뿐만 아니라 공기도 맑다.
46 선택복문	1.	1) ② 还是 2) ① 宁可 3) ② 而是
	2.	他不是病人, 而是医生。 / 他不是医生, 而是病人。 그는 환자가 아니라 의사이다. / 그는 의사가 아니라 환자이다.
47 가정복문	1.	1) ① 如果 2) ③ 哪怕 3) ② 即使
	2.	要是有困难, 就说出来。 만약 어려움이 있으면 나한테 얘기해.
48 조건복문	1.	1) ③ 只要 2) ① 除了 3) ② 无论
	2.	只有坚持运动, 才能保持身体健康。 계속 운동을 해야만 신체 건강을 유지할 수 있다.
49 목적복문	1.	1) ① 为的是 2) ① 为了 3) ③ 免得
	2.	快去吧, 免得迟到。 빨리 가, 늦지 않도록.
50 전환복문	1.	1) ② 可是 2) ④ 否则 3) ① 但是
	2.	我虽然不聪明, 但是很努力。 나는 똑똑하지 않지만, 열심히 한다.

51 인과복문
1. 1) ① 所以   2) ④ 既然   3) ① 因为
2. 既然已经考砸了，就不要再想了。이미 시험을 망친 이상 그만 생각해.

52 명사 심화
1. 1) ① 上   2) ② 下   3) ② 小时
2. 在父母的支持下，我去留学了。부모님의 지지 하에 나는 유학을 갔다.

53 동사 심화
1. 1) ① 过   2) ① 休息休息   3) ① 能
2. 你不用来机场接我。너는 공항에 와서 나를 픽업할 필요가 없다.

54 형용사 심화
1. 1) ③ 很   2) ② 凉快凉快   3) ③ 马马虎虎
2. 今天很凉快。오늘은 매우 시원하다.

55 부사 심화
1. 1) ① 有点儿   2) ③ 没   3) ① 从来
2. 我一直坐公交上学。나는 늘 버스를 타고 학교에 간다.

56 전치사 심화
1. 1) ② 向   2) ① 根据   3) ② 关于
2. 关于这件事，我不知道如何向你解释。
   이 일에 대해서 어떻게 너에게 설명해야 할지 모르겠다.

57 문장어순 총정리
1. 1) ① 可以   2) ① 不都   3) ① 都不
2. 这是一本非常著名的书。이 책은 매우 유명한 책이다.